Winter · Filmsoziologie

Quintessenz Studium

Rainer Winter

Filmsoziologie

Eine Einführung
in das Verhältnis von Film, Kultur
und Gesellschaft

Quint^{essenz}

Anschrift des Autors:
Dipl.-Psych. Rainer Winter
Universität Trier
FB IV, Abt. Soziologie
5500 Trier

Lektorat: Dipl.-Psych. Stefan Granzow
Herausgeber der Reihe „Quintessenz-Studium“:
Dr. H. Jürgen Kagelmann, Veilchenstraße 41, 8000 München 21

CIP-Kurztitelaufnahme der Deutschen Bibliothek

Winter, Rainer:
Filmsoziologie : Eine Einführung in das Verhältnis
von Film, Kultur und Gesellschaft / Rainer Winter ; München :
Quintessenz-Verl.-GmbH, 1992
    (Quintessenz Studium)
    ISBN 3-928036-91-2

Copyright © 1992 by Quintessenz Verlags-GmbH, München
Umschlagentwurf: Dieter Vollendorf, München, unter Verwendung eines
    Fotos aus „Sons of the desert“ (Die Wüstensöhne)
Satz: Computersatz Wirth, Regensburg
Druck und Bindung: Druckerei Auer, Donauwörth
Printed in Germany
ISBN 3-928036-91-2

Inhalt

Vorwort

Der Film ist das populärste Massenmedium dieses Jahrhunderts. In den letzten Jahren haben Video, Kabel- und Satellitenfernsehen dazu beigetragen, daß seiner Verbreitung und Nutzung kaum mehr Grenzen gesetzt sind. Damit einhergehend ist die populäre Literatur und auch die Zahl der wissenschaftlichen Publikationen zum Film enorm angestiegen.

In der Wissenschaft dominierten lange Zeit zwei Forschungsperspektiven. Einerseits analysierte man den Film selbst und hier insbesondere seinen ästhetischen Wert. Auf der anderen Seite verlor man den Film als Film fast ganz aus dem Blick und untersuchte dessen Wirkungen. Diese einseitigen Fixierungen führten bis vor kurzem zur Vernachlässigung der soziologischen Fragestellung. Denn soziologisch betrachtet sind beide Perspektiven unzulänglich, da sie die *Interaktion* von Film und Zuschauer ausblenden. In dem vorliegenden Buch wird deshalb eine Einführung in solche Studien gegeben, die die Rezeption von Filmen in Beziehung zu den Filmen selbst setzen. Dabei wird die Aneignung von Filmen nicht in ihrer ästhetischen, sondern in ihrer *sozialen* Dimension betrachtet.

Dieses Buch verdankt wertvolle Anregungen Prof. Dr. Alois Hahn und unserem seit mehreren Jahren bestehenden Arbeitskreis für Filmanalyse sowie den TeilnehmerInnen meiner Lehrveranstaltungen zur Filmsoziologie und Medienanalyse in den letzten Jahren. Mein besonderer Dank gilt Dr. H. Jürgen Kagelmann, der mich zu diesem Buch angeregt und es möglich gemacht hat, Dipl.-Psych. Stefan Granzow, der das Buch lektoriert hat, Isabel M. Pinto Gambino, M.A., und Frank Winter, M.A., die die erste Manuskriptfassung aufmerksam gelesen und kritisch kommentiert haben. Außerdem möchte ich Barbara Müller danken, die bei der Zusammenstellung der Photos geholfen hat.

Trier, im Juli 1991   *Rainer Winter*

Verzeichnis der Abbildungen

Die Abbildungen, bei denen keine Quellenangabe gemacht wurde, werden mit freundlicher Genehmigung des Kinoarchives Peter Engelmeier, 2000 Hamburg 13 veröffentlicht.

Kapitel 1

Der Film als Kunstwerk

Über das „Wesen" und die „Wirkung" des neuen Massenmediums Film wird seit Beginn der Filmgeschichte gestritten. Schon sehr früh wurde der Film im Rahmen der Zensur als eine Bedrohung der sozialen Ordnung betrachtet und der Kontrolle durch eine ganze Reihe von Institutionen, Praktiken und Diskursen unterworfen (vgl. Kuhn 1988). Daneben entstand die Filmtheorie, die sich dem Film unter einer umfassenderen Perspektive näherte. Sie versuchte die Frage zu beantworten, wie der Film bzw. das Kino zu definieren seien (vgl. Witte 1972; Albersmeier 1979; Wuss 1990). Auch hier wurden, meist implizit, die möglichen Wirkungen von Filmen, vor allem im politischen Kontext, erörtert.

Im Anschluß an Michel Foucault können wir die Filmtheorie als einen *Diskurs,* als „eine Menge von Aussagen, die einem gleichen Formationssystem zugehören" (Foucault 1973, S. 156), beschreiben. In diesen *Aussagen* von Filmemachern, Kritikern und Akademikern wird der Film (bzw. das Kino) gewöhnlich als Kunst „definiert". Er wird den kulturell anerkannten Ausdruckssystemen, z.B. der Literatur, dem Theater oder der Malerei, an die Seite gestellt. Damit wird versucht, ihn als eine ästhetische Praktik zu *legitimieren* (vgl. Bourdieu 1981, S. 105ff.). Dennoch gehört der Film (abgesehen vom Avantgardefilm) bis heute nicht zur Sphäre der legitimen Kultur. Weder wird sein „Wesen" in der Schule erarbeitet und eingepaukt, noch gibt es Institutionen, die ihn methodisch und systematisch als „konstitutiven Bestandteil der legitimen Kultur" (Bourdieu 1981, S. 106) ausweisen. Im Diskurs der Filmtheorie finden sich sehr divergierende und miteinander in Konkurrenz stehende Urteile. Im folgenden werden die wichtigsten dieser Positionen dargestellt. Zu Beginn der Filmgeschichte hat sich der Diskurs der Filmtheorie als eine Reflexionsinstanz freilich noch nicht ausdifferenziert, wenn auch die Frage nach dem „Wesen des Films" bereits die Filmpioniere beunruhigt hat.

Anfänge im 19. Jahrhundert

Bereits seit Mitte des 19. Jahrhunderts hatten Photographen die Dynamisierung ihrer Bilder vorhergesagt. Insbesondere der Photograph Muybridge und der Physiologe Marey bemühten sich, durch Reihenphotographien und durch Aufnahmen aus verschiedenen Perspektiven, Bewegungen naturalistisch wiederzugeben (vgl. Baudson 1985, S. 152ff.). Damit hatten sie das Prinzip des Kinos entdeckt. 1895 wurde der Cinématographe, der Aufnahmegerät, Vorführungsmaschine und Kopierapparat in einem war, von dem Fabrikanten Louis Lumière zum Patent angemeldet. Die „lebende Photographie" war erfunden.

Lumière und Méliès: Die Eröffnung einer Differenz

Im gleichen Jahr führte Lumière zusammen mit seinem Bruder in Paris die ersten Filme vor, die kurze, aus einer Einstellung bestehende Aufzeichnungen von alltäglichen Vorgängen waren. So verlassen in LA SORTIE DES USINES (Der Fabrikausgang) zuerst Arbeiterinnen und Arbeiter, die ihre Fahrräder schieben, eine Fabrik. Danach kommen die Besitzer der Fabrik in einem offenen Zweispänner. In ihren frühen Filmen stellten die Brüder Lumière, getreu ihrem Motto von der „lebenden Photographie", alltägliche Ereignisse dar, die mit einer statischen Kamera aufgenommen wurden. Ästhetisch blieben sie damit innerhalb des durch die soziale Verwendung der Photographie gesteckten Rahmens einer dokumentarischen Wiedergabe der Wirklichkeit (vgl. Winter und Eckert 1990, S. 42ff.). So lichteten sie vor allem den bürgerlichen Lebensstil der Jahrhundertwende ab (vgl. Gregor und Patalas 1962, S. 15). Die Kritiker rühmten die „wunderbare Natürlichkeit" der Filme. Das realistische Prinzip, „la nature sur le vif", fand bei ihnen großen Zuspruch. Der große Erfolg ihrer Filme spornte die Lumières dazu an, von ihren Kameraleuten auf der ganzen Welt Reportagen anfertigen zu lassen. Auch wenn die Filme oft weniger als eine Minute dauerten, waren sie in der Frühphase des Films Sensationen auf Jahrmärkten und in Varietés.

Es ist so auch kein Zufall, daß der andere berühmte Filmpionier, Georges Méliès, ursprünglich Varietékünstler und Theaterregisseur war. An der Illusionsbühne orientiert, setzte er die Filmkamera nicht zur getreuen Wiedergabe der Wirklichkeit ein, sondern nutzte die illusionäre Kraft des Mediums und drehte phantastische und burleske Filme. Jede Einstellung in seinen Filmen entsprach wohl noch einer Bühnenszene; trotzdem sind seine Filme mehr als verfilmtes Theater. Denn Méliès war der erste, der den Film zu narrativen Zwecke verwandte. Er erkundete und entwickelte verschiedene technische Möglichkeiten. So entdeckte er die Zeitlupe, die Abblende (allmähliches

Verdunkeln des Bildes), die Überblendung (durch die Kombination von Auf- und Abblende gehen zwei Szenen ineinander über) und die Schnittechnik. Diese realisierte er jedoch noch mit einem bestimmten Trick: „Wurde Aschenbrödel, gleich nachdem es die Küche verlassen hatte, beim Betreten eines Ballsaals gezeigt, so erschien dies bei Méliès als Überblendung" (Sadoul 1982, S. 36).

Im Gegensatz zu den Brüdern Lumière, die das dem Film innewohnende erzählerische Potential unterschätzten und dem Film keine große Zukunft voraussagten, bemühte Méliès sich, die Leinwandzeit (Dauer der Projektion des Films auf die Leinwand) und die Realzeit (tatsächliche Dauer der dargestellten Ereignisse) zu trennen. Damit schuf er die Grundlage des narrativen Spielfilms. Méliès ordnete seine Tricks aber nicht der Handlung unter, sondern sie blieben ein eigenständiges Ausdrucksmittel seiner Filme. „Méliès erfindet schon die Silben der zukünftigen Sprache, aber er gebraucht sie noch konfus, sie ergeben noch keine Worte" (Sadoul 1982, S. 36). Die technischen Innovationen von Méliès wurden (wie alle in der Filmgeschichte gemachten technischen Errungenschaften) sehr schnell zu konventionellen Elementen der Kinotechnik und ebenso selbstverständliche Voraussetzungen für das Verstehen des Films durch die Zuschauer.

Mit Lumière und Méliès wird im ästhetischen Diskurs über den Film die Differenz zwischen „Realismus" und „Phantasie" eröffnet, die in vielen späteren Filmmanifesten und -theorien in verschiedenen Formen wieder auftaucht. „Der Filmtheorie liegt nun von Anfang an ein Antagonismus zwischen Realismus-Naturalismus-äußerster Zurückhaltung des Regisseurs einerseits, Phantastik-Expressionismus-(über die Montage) gestaltendem Eingriff des Regisseurs andererseits zugrunde" (Albersmeier 1979, S. 12). Einmal wird der auf die Photographie zurückgehende „Realismus" als Kunst betrachtet, ein andermal die schöpferische Kraft des Regisseurs betont.

Die Entwicklung des Spielfilms

Der abendfüllende Spielfilm wurde in Amerika entwickelt. Zwischen 1902 und 1914 schufen Edwin S. Porter und David W. Griffith die realistische Filmerzählung. Der erste Western mit einer Spielhandlung war Porters THE GREAT TRAIN ROBBERY (1903).

„In *The Great Train Robbery,* einem vollständig inszenierten Film, vermehrte Porter die Zahl der Szenen beträchtlich, faßte diese so kurz wie möglich und sorgte so für häufigen Szenenwechsel. Das Geschehen wird dabei auf mehreren Schauplätzen gleichzeitig vorangetrieben, und einzelne Vorgänge werden elliptisch ausgespart." (Gregor und Patalas 1962, S. 31)

In weniger als zehn Jahren gelang es der Filmwirtschaft, aus einem Jahrmarktszeitvertreib eine ernste Konkurrenz für andere populäre Unterhaltungsformen zu entwickeln. Das Publikum, das sich mit Filmen amüsierte, bestand vor dem ersten Weltkrieg sowohl in Amerika als auch in Europa im wesentlichen aus Angehörigen der städtischen Unterschicht (Altenloh 1914; Prokop 1982, S. 35).

1915 ist ein weiteres wichtiges Jahr in der Geschichte des Films. Griffiths Drei-Stunden-Film THE BIRTH OF A NATION über den amerikanischen Bürgerkrieg fand großes öffentliches Interesse und war ein erster Schritt für die Anerkennung des Films als Kunst. Im gleichen Jahr erschien auch das Buch „The Art of the Moving Picture" (1915), in dem der Literat Lindsay versuchte, den Film als künstlerische Praktik zu bestimmen, indem er seine Verwandtschaft und seine Besonderheit im Vergleich zu den etablierten Künsten aufzeigte.

Griffith startete nach seinem unerwarteten Anfangserfolg ein künstlerisch noch ehrgeizigeres Projekt, den Film INTOLERANCE (1916). Kennzeichnend für Griffiths Filme sind Experimente mit den formalen Möglichkeiten des Schnitts, der bei Porter noch von den erzählerischen Notwendigkeiten des Films bestimmt war. Während bei diesem ein Schnitt zwei Szenen verband, löste Griffith auch die einzelnen Szenen in verschiedene Einstellungen auf. Jeder Schnitt ermöglichte eine neue Kameraposition.

Trotz seiner technischen Innovationen konnte INTOLERANCE u.a. wegen seiner Überlänge und naiv-moralistischen Perspektive weder an die Popularität noch an den Erfolg von THE BIRTH OF A NATION anknüpfen. Wegen seiner formalen Gestaltung hatte der Film jedoch großen Einfluß auf die beiden wichtigsten künstlerischen Richtungen der Stummfilmzeit: den deutschen *Expressionismus* und das sowjetische *Montagekino,* die in der Filmgeschichte als *formalistische Bewegungen* bezeichnet werden. In der Tradition von Méliès stehend, dominierte bei ihnen die künstlerische Gestaltung über den Inhalt. Nicht die möglichst dokumentarische Wiedergabe der Wirklichkeit, sondern der expressive Umgang mit Ton und Bild prägte diese Richtungen.

Der expressive Umgang mit dem Film

In der Ausnützung des ästhetischen Potentials des Films stellten die *formalistischen Bewegungen* eine ernste Konkurrenz für das vom Realismus geprägte Hollywoodkino der Stummfilmzeit dar. „The ‚expressive' use of film is usually defined as the reshaping of the raw material printed on celluloid, using images of the real world to ‚make a statement'. The images become something else, art" (Turner 1988, S. 27).

Sowohl die expressionistische als auch die sowjetische Filmbewegung entstanden nach dem ersten Weltkrieg. In der Sowjetunion wurde nach der Oktoberrevolution die Filmindustrie staatlich gefördert. Die Hochschätzung, die der Film erfuhr, kommt in der Aussage Lenins zum Ausdruck: „Der Film ist für uns die wichtigste aller Künste" (nach Sadoul 1982, S. 179). Die Regierung hatte wesentlichen Anteil an der Herausbildung einer künstlerischen Avantgarde. Deren wichtigste Figur wurde der Regisseur Sergej M. Eisenstein. Seine Filmtheorie, die lange Zeit unterschätzt wurde, gilt heute als die komplexeste (vgl. Wollen 1974; Tudor 1977, S. 23ff.). Eisenstein hat eine Vielfalt von Einflüssen verarbeitet und ließ sich nur schwer in das Korsett des „sozialistischen Realismus" zwängen, der auch unter den Filmschaffenden Anhänger hatte. So basierten die „ungestellten" Darstellungen des sowjetischen Alltagslebens in den Filmen von Vertov oder Shub auf der Annahme, daß die sozialistischen Themen unmittelbar aufklärerisch wirken würden.

Eisenstein dagegen beschritt einen anderen Weg, um das Publikum für sozialistische Ideen empfänglich zu machen. An Ideen von Freud und Pavlov anknüpfend, wollte er die Zuschauer durch Schocks zu politischem Bewußtsein bringen. Das Instrument für die erforderliche emotionale Beeinflussung fand er in der *Montage*. Als Marxist begriff er diese als einen dialektischen Prozeß (These-Antithese-Synthese), als eine *Montage der Kollisionen*. Die Kollision zweier gegebener Faktoren, also das Nebeneinander verschiedener Einstellungen, sollte im Kopf der Zuschauer etwas Neues hervorbringen. „Werden zwei beliebige Stücke aneinandergefügt, so vereinigen sie sich unweigerlich zu einer neuen Vorstellung, die aus dieser Gegenüberstellung als neue Qualität hervorgeht" (Eisenstein nach Tudor 1977, S. 26). In seinem ersten Film, DER STREIK (1925), in dem er sich eng an Griffith anlehnte, kombinierte er Bilder von einem Massaker an Arbeitern in der Zarenzeit mit Aufnahmen abgestochener Tiere aus dem Schlachthaus. Eisenstein beabsichtigte so durch die Montage getrennter Szenen den Zuschauer dazu zu bewegen, diese als Gesamtheit wahrzunehmen und in einer neuen Vorstellung zu synthetisieren, die die Klassengefühle und den sozialen Protest intensiviert. Dabei soll die Konstruktionsarbeit des Regisseurs sich dem Zuschauer während der Rezeption erschließen.

„Die Kraft der Montage beruht darin, daß Emotionen und Verstand des Zu-schauers am schöpferischen Prozeß teilnehmen. Sie lassen den Zuschauer den gleichen schöpferischen Weg zurücklegen, den der Autor gegangen ist, als er das verallgemeinerte Bild schuf." (Eisenstein nach Tudor 1977, S. 35)

Mittels der Montage gibt der Film nicht die Wirklichkeit wieder, son-dern er transformiert sie und schafft etwas Neues. Als wichtiges er-zählerische Mittel ist sie sehr schnell zu einem wesentlichen Element des Spielfilms geworden. Freilich wird sie heute, insbesondere in der Werbung und in Musikvideos, zu anderen Zwecken eingesetzt als Ei-senstein vorschwebten.

Auch in der *expressionistischen Filmbewegung* in Deutschland wurde der Film als ein expressives Medium begriffen. Man drehte von 1919 bis zur Einführung des Tonfilms eine ganze Reihe von Filmen mit einer vom Theater beeinflußten, stilisierten Art der Inszenierung. Die stilistischen Merkmale dieser Filme waren wegen ihres „gotischen Charakters" sehr auffallend: Hell/Dunkelkontraste, Chiaroscuro-Be-leuchtung (ein Bildstil, der auf dem Kontrast von Licht- und Schatten-effekten beruht), surrealistische Settings, expressionistischer Stil der Schauspieler (Darstellung von „Übermenschen"). Man schuf ima-ginäre Welten. In Filmen wie DAS KABINETT DES DR. CALIGARI (1919), DR. MABUSE DER SPIELER (1921), NOSFERATU (1922) und METROPOLIS (1926) herrschen die Angst, der Wahnsinn, das Dämo-nische und das Unerklärbare. Auch im Expressionismus lehnte man die Auffassung ab, daß der Film lediglich die Wirklichkeit reprodu-zieren solle. Allerdings endete dieses „goldene Zeitalter" (Eisner 1980, S. 11) des deutschen Films bereits 1925/26, also vor der Ein-führung des Tonfilms.

Der expressive Umgang mit dem Film fand in den zwanziger Jah-ren auch in vielen ästhetischen Reflexionen seinen Niederschlag. An dieser Stelle sei auf einen Ansatz näher eingegangen, der auf den er-sten Blick heute skurril erscheint. Der Psychologe und Kunstwissen-schaftler Rudolf Arnheim führte in seinem Buch „Film als Kunst" (1932) den Nachweis, daß gerade in den technischen Begrenzungen der Wirklichkeitswiedergabe das künstlerische Potential des Films liege. So vertrat er die These, daß nicht der Tonfilm, sondern der Stummfilm wegen seiner größeren Defizienz in der Wiedergabe der Wirklichkeit spezielle künstlerische Qualitäten enthielte.

Für die *formalistischen Bewegungen* war der Film also ein im schöpferischen Prozeß geschaffenes Kunstprodukt, das eine *eigene Wirklichkeit* hatte (und beim sowjetischen Montagekino auch die Wirklichkeit der Zuschauer verändern wollte).

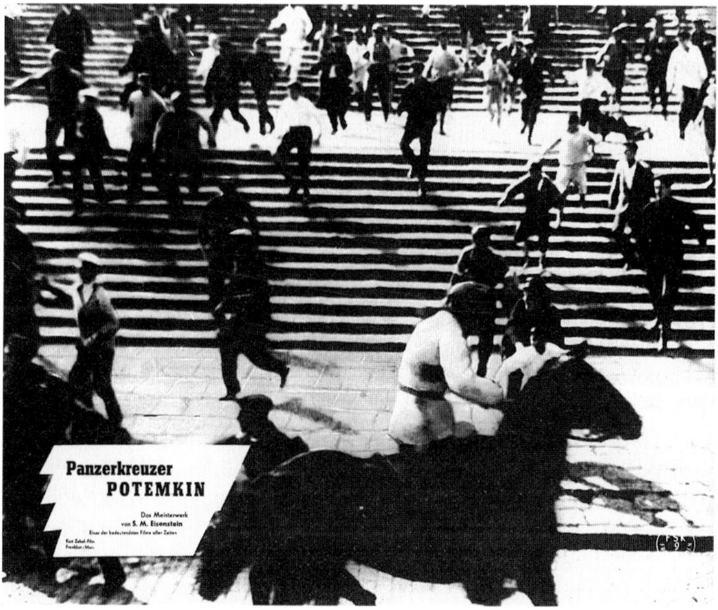
Panzerkreuzer
POTEMKIN
Das Meisterwerk
von S. M. Eisenstein

Panzerkreuzer
POTEMKIN
Das Meisterwerk
von S. M. Eisenstein

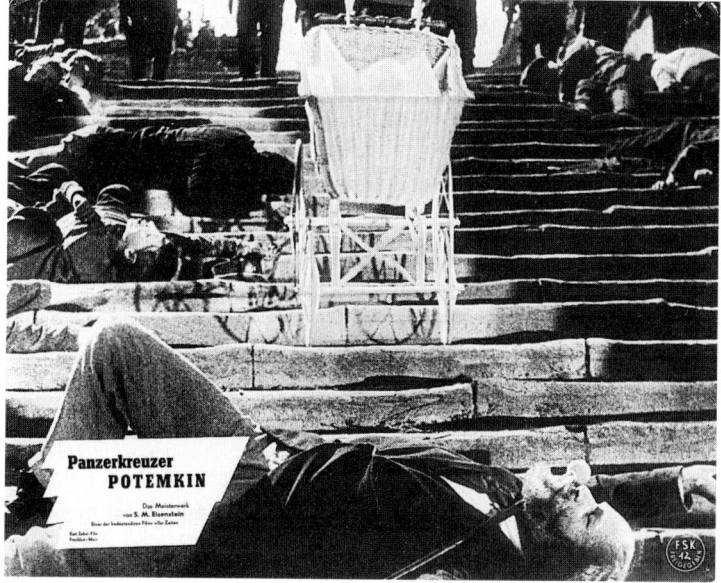

Realismus

Die Einführung des Tonfilms verstärkte die *Wirklichkeitsillusion*
(Bazin 1975) des Films und erzeugte zugleich eine Krise in der Filmkritik und -theorie. Nicht nur Arnheim, sondern auch die sich als modernistisch verstehenden Künstler betrachteten die Entwicklung des
Films zu einem realistischen Repräsentationsmedium als ästhetisch
reaktionär (vgl. Elsaesser 1975). Dieses Abfallen in der ästhetischen
Qualität vollzog sich, so die Auffassung, in der Herausbildung des realistischen Erzählfilms, der dem klassischen Roman des 19. Jahrhunderts in vielen Aspekten (Handlungsablauf, Darstellung persönlicher
und moralischer Konflikte etc.) nachgebildet war. Mittels des Tons
konnten z.b. die Beweggründe und die Gefühle der Charaktere deut-
licher und differenzierter dargestellt werden. „Der Tonfilm der dreißiger Jahre entdeckt die realistische Dimension hauptsächlich auf der
Tonspur, die jedem der Charaktere in der Wahl des Timbres, der Ka-
denz der Stimme, eine akustische Maske des Sozialcharakters verlieh"
(Witte 1991, S. 17). Im Hollywoodkino gab es zu Beginn der 30er Jahre eine Welle sozialrealistischer Filme wie z.B. SCARFACE (1932), in
Frankreich entstand der *Poetische Realismus* und in Deutschland der
proletarische Film. Diese Trends und die Dokumentarfilmbewegung
in den 30er und 40er Jahren in Großbritannien waren die Vorläufer des
italienischen *Neorealismus* der Nachkriegszeit (1945–1948), dem in
vielen ästhetischen Theorien eine herausragende Rolle zukommt.

Unter Realismus verstanden diese Filmemacher die authentische
Darstellung der menschlichen Realität. Der Film sollte zum Spiegel
der alltäglichen Wirklichkeit und auch der sozialen Verfassung der
Gesellschaft werden. Daher stellte man die Verbundenheit des Menschen mit seinem sozialen Milieu und mit der Natur dar. So inszenierte Visconti in DIE ERDE BEBT (1947/1948) das Elend sizilianischer
Fischer, Rossellini in PAISA (1946) die Befreiung Italiens.

„[Rossellini] holte sich seine Schauspieler von der Straße, schlug ihnen den Dialog vor und verlangte, daß sie ihm durch Verwendung der ihnen geläufigen
Worte die endgültige Form gaben. Diese Darsteller rekonstruierten also eine
Episode ihres eigenen Lebens. Partisanen, ‚Sciuscias' (jugendliche Schuhput-
zer), amerikanische Besatzungssoldaten und Mönche wurden direkt in den Ka-
sernen, auf der Straße oder im Kloster aufgenommen … ." (Sadoul 1982, S. 358)

Das erklärte Ziel der Neorealisten war, das Alltagsleben mit allen
möglichen Ausdrucksmitteln so genau wie möglich darzustellen, um
„Authentizität zu bezeugen" (Witte 1991, S. 20). Auch wenn diese

Bewegung nur wenige Jahre bestand, hatte sie doch großen Einfluß sowohl auf die *Nouvelle Vague* in Frankreich als auch auf einige Hollywoodregisseure. Das Drehen an den Originalschauplätzen und mit Laienschauspielern kam in Mode.

Siegfried Kracauer und André Bazin waren von der „ungestellten Realität" der neorealistischen Filmen begeistert. Beide gingen davon aus, daß die Ästhetik des Films in der Photographie verankert sei, insbesondere in ihrer Fähigkeit, die „Wirklichkeit" zu dokumentieren und zu enthüllen. Der Neorealismus wurde daher für sie zum Maßstab, an dem das Kino sich ausrichten sollte.

So entfaltet Kracauer in der „Theorie des Films" (1985) eine realistische Ästhetik. Der Film solle in einer von technologischer Rationalität beherrschten Zeit, in der konsensuell geteilte Überzeugungen und Werte verloren gegangen seien, zur „Errettung der äuberen Wirklichkeit" beitragen. Durch die Darstellung der Oberfläche der physischen Realität entspräche der realistische Film dem Wesen des Mediums. „Seine Bilder gestatten uns zum ersten Mal, die Objekte und Geschehnisse, die den Fluß des materiellen Lebens ausmachen, mit uns fortzutragen" (Kracauer 1985, S. 389). Kracauers Ästhetik folgt sehr eng dem Diskurs über den realistischen Charakter der Photographie im 19. Jahrhundert (vgl. Plumpe 1990). Das Wesen der Photographie sei, so die klassische Auffassung, die möglichst genaue und wahrhaftige Aufdeckung einer vom Beobachter unabhängigen Wirklichkeit.

Angesichts der formalistischen Filmbewegungen kommt Kracauer jedoch nicht umhin, im Film auch eine formgebende Tendenz zu registrieren, die sich allerdings der realistischen Tendenz unterordnen und letztlich zu ihrer Verwirklichung beitragen soll. Hier schleicht sich aber ein Widerspruch ein, den Tudor scharfsinnig herausgearbeitet hat.

„Aber es ist unmöglich, *gleichzeitig* die Meinung zu vertreten, daß es eine unabhängige ‚Wirklichkeit' gibt, und die Meinung, daß die von der Kamera enthüllte ‚Wirklichkeit' auch vom Photographen und schließlich vom Betrachter abhängen muß. Stimmt letzteres […], dann ist ersteres absurd." (Tudor 1977, S. 64)

Kracauers Bemühen, sein ästhetisches Werturteil, daß der „Realitätsgehalt" eines Films das entscheidende sei, in einer Theorie des Films zu verallgemeinern, kann als gescheitert angesehen werden. Spielfilme sind nicht a priori, unabhängig vom Beobachter, realistisch, sie können allenfalls wie Photographien für realistisch gehalten werden. Dazu noch einmal Tudor:

„Auf das ‚Wesen des Films' eine Ästhetik aufbauen, ist ohne Rücksicht auf die Probleme, die die zentrale Rolle der ‚Wirklichkeit' mit sich bringt, ein Irrtum. Letztlich steht Kracauer in der Nachfolge der romantischen Ästhetik reinsten Wassers. Eines seiner Synonyme für ‚Wirklichkeit' ist ‚Natur', und die unberührte Natur will er im Film bewahren." (Tudor 1977, S. 69)

Die Filmtheorie von Bazin ähnelt der von Kracauer, ist aber subtiler. Ebenfalls von der Photographie ausgehend, ist Bazin der Auffassung, daß der Film wohl einen starken *Wirklichkeitseindruck* vermittelt, er aber immer nur die Asymptote der Realität sein kann. Der Hauptgegner ist für Bazin vor allem der deutsche Expressionismus. Für das ästhetische Ideal eines „räumlichen Realismus" (Tudor 1977, S. 70) eintretend, lehnt er z.B. die verzerrten Dekors in DAS KABINETT DES DR. CALIGARI und den künstlichen Wald in DIE NIBELUNGEN (1924) ab. Ein guter Film solle nicht die Wirklichkeit „verzerrt" abbilden, sondern sie mit räumlichen Realismus enthüllen (Tudor 1977, S. 74). Eine Folge dieses Ideals ist auch die Ablehnung der Montagetechnik und der damit möglichen Beeinflussung des Zuschauers. „In contrast to Eisenstein, who saw the intrinsic nature of film lying in the combination of shots, Bazin saw the intrinsic quality of film in the composition of the shot itself – its specific representation of the real world" (Turner 1988, S. 32). Der Zuschauer soll die Möglichkeit haben, ein Bild forschend zu betrachten, zu „lesen" und so seine eigenen Schlüsse zu ziehen. Die *Mise en Scène,* die Bazin außer im italienischen Neorealismus z.B. bei Orson Welles fand, ist sein Gegenbegriff zur Montage. Die Bedeutung wird im Idealfall durch die Anordnung der Elemente vermittelt, ohne daß die Kamera bewegt oder daß geschnitten wird. „Wie in den Filmen von Welles und trotz der stilistischen Gegensätze tendiert der Neorealismus dahin, dem Kino den Sinn für die Vieldeutigkeit der Wirklichkeit wiederzugeben" (Bazin 1975, S. 22). Die Betonung der *interpretativen Rolle* des Zuschauers und die Aufwertung des Hollywoodfilms, wie das Beispiel CITIZEN KANE (1941) zeigt, stellten wegweisende Umorientierungen in der Filmtheorie dar, die von den Schülern Bazins fortgesetzt wurden.

Aber wie für Kracauer gilt auch für Bazin, daß er seine einseitigen Urteile, die er im Wesen des Films verankert sah, als ästhetische Norm verallgemeinerte. Gerade Orson Welles, einer seiner favorisierten Regisseure und ein Kronzeuge seiner Ästhetik, läßt sich auch als Erbe des Expressionismus beschreiben. Er ist „der Spezialist für vom Kamerawinkel verursachte Verzerrungen, für die geheimnisvollen Schatten, die einst gemalt wurden, aber heute durch die Ausleuchtung erzeugt werden, der Spezialist fürs Groteske und Überladene" (Tudor 1977, S. 76).

Auteurs und Genres

Bazin rief 1951 die Zeitschrift *Cahiers du Cinéma* ins Leben. In den fünfziger und frühen sechziger Jahren schrieben dort u.a. Truffaut, Godard, Rohmer, Chabrol und Rivette. Als Cineasten gelang es ihnen, ihre Liebe zum Kino mit theoretischen Überlegungen fruchtbar zu verbinden. Die *Cahiers du Cinéma* wurden zur wichtigsten Filmzeitschrift. So stellte ihre *„politique des auteurs"*, die Truffaut 1954 zum ersten Mal formulierte, einen Wendepunkt in der Filmtheorie und -kritik dar.

In dieser Polemik gegen die etablierten französischen Kritiker und Filmemacher wiesen Truffaut und seine Kollegen dem Regisseur die ausschlaggebende Bedeutung in der Produktion eines Films zu. Diese Auffassung allein hätte aber nur wenig provoziert. Denn es herrschte sehr wohl die Überzeugung, daß z.B. Filme von Murnau, Dreyer oder Eisenstein ihre künstlerische Kraft dem Regisseur verdankten, der die heterogenen Elemente des Films gegen die Zwänge der industriellen Produktion schöpferisch integriert hatte. Der eigentliche Skandal war, daß man die Autoren nicht nur im europäischen Kunstkino suchte, sondern auch im kommerziellen Hollywoodkino, das dadurch eine ästhetische Neubewertung erfuhr. Vor der *„politique des auteurs"* ging man in der Filmkritik davon aus, daß die industrielle Art der Filmproduktion in Hollywood den Ausdruck schöpferischer Individualität verhindere. Die einen glaubten, Filme seien lediglich eine Ware, die den Gesetzen der kapitalistischen Wirtschaft gehorche, die anderen, daß einem Film bzw. einer Gruppe von Filmen nur dann der Kunststatus zugesprochen werden könne, wenn es dem Regisseur gelungen sei, die Kontrolle über die Produktion zu gewinnen und seine persönlichen ästhetischen Absichten auszudrücken. Die Kritiker der *Cahiers du Cinéma* postulierten nun, daß trotz der industriellen Produktion der Regisseur wie jeder andere Künstler der alleinige Autor des Films sei. Gerade in den industriellen Massenprodukten aus Hollywood, die nicht den Qualitätsvorstellungen der traditionellen französischen Filmkritik entsprachen, glaubte man die persönliche Handschrift von Autoren ausmachen zu können.

„Die Regisseure variierten von Kritiker zu Kritiker und von Gruppe zu Gruppe, doch Namen wie Hitchcock, Ford, Hawks, Ray, Losey, Preminger und

Walsh tauchten immer wieder auf. Diese polemische und ausschließliche Bewunderung für die Amerikaner kennzeichnete die *politique des auteurs*." (Tudor 1977, S. 83)

Durch den Nachweis, daß es selbst in der scheinbar monolithischen Warenproduktion von Hollywood Autoren gebe, versuchte man die Differenz zwischen Kunstkino und rein kommerziellem Kino einzuebnen (Cook 1985, S. 115). Wenn selbst der Hollywoodregisseur wie ein romantischer Künstler eine persönliche Ausdrucksweise entwikkeln könne, müsse das Kino zur legitimen Kunst werden.

Ein wahrer Auteur, so die Auffassung, unterscheidet sich von einem Regisseur, der sein Handwerk gut beherrscht, insofern, als seine Filme eine *kohärente Weltsicht* ausdrücken und sich in ihnen ein einzigartiger *individueller Stil* verkörpert. So hat z.B. Howard Hawks in Hollywood Filme beinahe aller Genres gedreht. Trotzdem kehren dieselben thematischen Motive und Vorfälle wieder, und es dominiert ein einzigartiger visueller Stil (Wollen 1974, S. 81).

Auch die amerikanischen Filme Fritz Langs erfuhren durch die Kritiker der *Cahiers du Cinéma* eine andere Bewertung. Lange Zeit galten sie als reine kommerzielle Produktionen und als im Vergleich zu den in Deutschland gedrehten Filmen ästhetisch minderwertiger. Nun wiesen diese Kritiker nach, daß sich auch in ihnen sowohl ein konsistenter Gebrauch der expressionistischen Mise en Scène als auch eine typische Weltsicht verbarg (Cook 1985, S. 124). Der klassische Auteur war für Truffaut und seine Freunde aber Alfred Hitchcock. Dieser beherrschte nicht nur meisterhaft die Mise en scène, sondern auch sein Publikum.

Die *„politique des auteurs"*, die nur einigen Regisseuren eine Autorschaft zuschrieb, wurde in der Filmkritik in der Folge zu einer bloßen Autorentheorie trivialisiert, die ihren polemischen Stachel verlor, weil sie beinahe jeden Regisseur zum Autor und so zu einem wesentlichen Kriterium für die Bewertung von Filmen mache. Für die Zuschauer, deren eigenes Verständnis von Filmen sich auch an Regisseuren orientiert, wird die Entzifferung der persönlichen Handschrift des Regisseurs zu einer Quelle von Bedeutungen und Vergnügen. Mit der Aufwertung des Hollywoodkinos wurden auch die Genrefilme (Western, Musicals, Gangsterfilme) trotz ihrer vorhersagbaren und formelartigen Struktur ein Gegenstand ästhetischen Interesses. Um den persönlichen Stil eines Regisseurs identifizieren zu können, mußte man nämlich untersuchen, wie er die Genreelemente variierte und den Konventionen seinen eigenen Stempel aufdrückte. Wir werden später sehen, daß sich in der heutigen Filmkritik der durch die *„poli-*

tique des auteurs" eingeführte Trend der Aufwertung des kommerziellen Unterhaltungsfilms fortsetzt.

Seit den sechziger Jahren gelang es vor allem in den U.S.A und in
Frankreich, die Filmwissenschaft in Ansätzen auch akademisch zu in-
stitutionalisieren. Turner beschreibt die typische Filmabteilung einer
Universität:

> „It is American, an offshoot of an English literature department, dominated by
> young staff with an auteurist outlook who prefer European films to Hollywood
> films. On its courses would be a few Hollywood directors: John Ford and Al-
> fred Hitchcock might share the semester with Eisenstein, Fritz Lang and the
> European modernists." (Turner 1988, S. 37)

Auch die deutsche Filmwissenschaft hat sich bisher meist im Rahmen anerkannter akademischer Disziplinen entfaltet. Da der Unterhaltungsfilm gewöhnlich als trivial gilt, konzentrieren sich die
wenigen Filmwissenschaftler, die meist von der Literaturwissen-
schaft her kommen, oft auf Avantgardefilme oder Literaturverfil-
mungen, die sie genauso wie Literatur behandeln. Im Zuge der *postmodernen Aufwertung der Massenkultur* könnte es freilich sein, daß
sich der kulturelle Legitimitätsanspruch des Films erweitert und er
wie die Malerei oder die Literatur zu einem legitimen Forschungsge-
genstand wird.

Die bisherige Diskussion zeigt, daß in der Filmtheorie von Lindsay
bis zu den *Cahiers du Cinéma* versucht wurde, mittels ästhetischer
Theoreme und Kategorien zu bestimmen, was den Film zur Kunst
macht und die Grenze zum rein kommerziellen Unterhaltungsfilm
festzulegen. Zur Begründung des jeweiligen Urteils griff man auf unterschiedliche kulturelle Vorstellungen und Theorien zurück. Lindsay
verglich den Film mit anderen Künsten, Eisenstein knüpfte vor allem
an die Marxsche Dialektik, an Freud und Pavlov an, Bazin und Kracauer an die Realismusdoktrin der photographischen Ästhetik des 19.
Jahrhunderts und an die romantische Vorstellung von der errettenden
Funktion der Kunst, die Kritiker der *Cahiers du Cinéma* an die Vorstellung eines individuellen, schöpferischen Regisseurs, die ebenfalls
romantischen Ursprungs ist. Die Filmtheoretiker gingen entweder von
einer *Wirklichkeit* aus, die im Film *enthüllt* wird, oder davon, daß ein
Film eine *eigene Wirklichkeit schafft*.

Es sind so äußerst unterschiedliche Beschreibungen des Films entstanden, von denen keine gültiger als die andere ist. Eine *Pluralität der
Perspektiven* findet sich nicht nur auf der Ebene des ästhetischen Dis-
kurses über den Film, sondern erst recht bei den „gewöhnlichen" Re-

zipienten, die nicht auf ästhetische Erbauung, sondern lediglich auf Vergnügung aus sind.

Im nächsten Kapitel werden wir den Beitrag der Semiotik zur Filmsoziologie betrachten. Mittels dieser Forschungsperspektive gelang es nämlich, die rein ästhetische Betrachtung des Films zu überwinden und seine wissenschaftliche Analyse zu beginnen. Die Filmsemiotik will keine Antwort auf die Frage nach dem „Wesen" des Films geben. Sie betrachtet den Film als eine *Zeichenpraxis* und thematisiert damit die Ebene der Form.

Kapitel 2

Der Film als Text

Film, Kultur und Semiotik

Filme sind *Medien* und *Anlässe* für Bedeutungen und Vergnügen und so ein wesentlicher Bestandteil der Kultur. Dies gilt seit dem großen Erfolg von Hollywood. „Going to movies, reading, thinking and talking about movies and about Hollywood doings are functions that bind us to the center [of society]" (Jarvie 1982, S. 256).

Im folgenden verstehen wir unter Kultur die „ineinandergreifenden Systeme auslegbarer Zeichen" (Geertz 1983, S. 21) einer Gesellschaft. Diese Systeme sind nicht geschlossen, sondern die Bedeutung der Zeichen ist einem ständigen Veränderungsprozeß unterworfen. Die Kultur ist gleichsam der Kontext, in dem die Erzeugung und Zirkulation von Bedeutungen und Vergnügen innerhalb einer Gesellschaft (Fiske 1987b) verstehbar wird. Clifford Geertz hat dies folgendermaßen formuliert: „Ich meine mit Max Weber, daß der Mensch ein Wesen ist, das in selbstgesponnene Bedeutungsgewebe verstrickt ist, wobei ich Kultur als dieses Gewebe ansehe" (Geertz 1983, S. 9).

Wenn im weiteren in bezug auf den Film von Kultur die Rede ist, wird der Begriff also nicht als ein ästhetischer Qualitätsmaßstab verwendet, er bezeichnet vielmehr die „Rahmen" (Goffman 1977), die sinnverleihenden Organisationsweisen der Erfahrung, in denen sich der alltägliche Umgang mit dem Film vollzieht. Wir werden zeigen, daß der „Konsum" von Filmen sich aus zahlreichen heterogenen Praktiken zusammensetzt, die eine oft unterschätzte Kreativität der Rezipienten und gerade keinen bloß passiven und eindimensionalen Konsum von Bildern belegen (vgl. De Certeau 1988). In der *Interaktion* mit dem Film schaffen die Rezipienten aktiv Bedeutungen.

Für die wissenschaftliche Untersuchung dieser *Bedeutungsproduktion* bietet sich die Semiologie (Semiotik) an (vgl. Barthes 1979). Saussure konzipierte sie zu Beginn des Jahrhunderts als eine „Wissenschaft, welche das Leben der Zeichen innerhalb des sozialen Lebens untersucht" (Saussure 1967, S. 19). Man unterscheidet heute zwischen drei wesentlichen Forschungsbereichen: 1. das Zeichen selbst; 2. die Kodes oder die Systeme, in welchen die Zeichen organisiert sind; und 3. die Kultur, die diesen Kodes und Zeichen ihren Sinn verleiht (Fiske 1982, S. 43).

Ende der sechziger Jahre entwickelte sich eine spezielle Semiotik des Films, die zu einer wesentlichen Dimension der Filmwissenschaft geworden ist (vgl. Metz 1972, 1973; Bentele 1978; Aumont und Marie 1988). Sie wird von zwei Grundannahmen bestimmt, die einen deutlichen Unterschied zum Mainstream der Film- und Medienforschung markieren. Zunächst betrachtet man den Film als einen *Text,* der nicht eine absolute Wirklichkeit richtig abbildet, sondern mittels Zeichen Bedeutungen, oder genauer *Anlässe* für Bedeutungen, produziert. Bilder und Worte sind keine neutralen Übermittler einer vorgegebenen Wirklichkeit, wie man in der realistischen Filmästhetik annimmt, sie schaffen vielmehr spezielle *Filmwirklichkeiten.* „There are multiple realities which film makes plausible, and which we may (to some extent) accept or reject according to our predispositions" (Tudor 1974, S. 113f.).

Mit dieser Vorstellung vom Film als einer spezifischen *Zeichenpraxis* (Kristeva 1978; Heath 1981) ist die zweite Grundannahme eng verbunden. Dem Rezipienten wird nämlich eine aktive Rolle zugemessen. In der Semiotik betrachtet man ihn als Leser, der sich einen Film wie ein Buch aktiv aneignet. Ein wesentlicher Teil dieses Prozesses betrifft das Sich-Zurechtfinden in der jeweiligen Filmwirklichkeit. „We learn to recognize these conventionalized film realities as we learn to recognize the various realities in which we spend our lives" (Tudor 1974, S. 114). Das Verständnis eines Films hängt von der kulturellen Kompetenz und Erfahrung des Rezipienten ab: „The reader helps to create the meaning of the text by bringing to it his experience, attitudes and emotions" (Fiske 1982, S. 43). Bevor wir in den nächsten Kapiteln den Rezeptionsprozeß genauer untersuchen, ist es erforderlich, die Zeichen des Films und ihre Organisation in Systemen, in Kodes, näher zu betrachten.

Der Film als Zeichenpraxis

Saussure (1967) brach durch die Entwicklung einer strukturalen Linguistik mit früheren Konzeptionen von Sprachwissenschaft. Er zeigte, daß das Sprachmaterial selbst keine Bedeutung enthält, sondern daß es aus seinen strukturalen Beziehungen Bedeutungen produziert. Zeichen, die „physische, wahrnehmbare Stellvertreter für Dinge, Erscheinungen und Begriffe" (Peirce) sind, treten nämlich nie einzeln oder isoliert auf. Sie sind immer Teil eines Systems, in dem sie ihre Bedeutung erst gewinnen. Für Saussure setzt sich jedes Zeichen aus einem Bezeichnenden oder Signifikanten (Laut- und Schriftbild) und einem Bezeichneten oder Signifikat (Bedeutung, geistige Vorstellung) zusammen. Zwischen den beiden Komponenten gibt es innerhalb der natürlichen Sprachen keine natürliche Verbindung, sie sind einander lediglich willkürlich, per Konvention, zugeordnet (Saussure 1967, S. 79ff.). Zudem ergibt sich die Bedeutung eines Zeichens immer erst durch das Verhältnis dieses Zeichens zu allen anderen Zeichen in demselben System, d.h. durch seine relationale Position. So gewinnt der Signifikant „Jugendlicher" seine Bedeutung durch die Differenz zu anderen Signifikanten des Alters wie „Erwachsener" oder „Greis". Für nichtsprachliche Zeichen läßt sich entsprechendes zeigen. Wenn in DER PATE III (1990) die Rolle des Michael Corleone mit Al Pacino besetzt wird, so wird die Bedeutung von Pacino-als-Zeichen durch alle anderen Stars-als-Zeichen bestimmt, die er nicht ist. Pacino ist z.B. nicht Arnold Schwarzenegger (zu sehr Superman) und auch nicht Danny De Vito (zu sehr Komiker).

Das typische Filmzeichen ist nun aber kein rein konventionelles Zeichen, wie es nach Saussure die Wörter sind. Bei einem Filmbild sind nämlich Signifikant und Signifikat fast identisch. Im Sinne von Peirce, neben Saussure dem anderen Begründer der Semiotik, handelt es sich um *ikonische Zeichen,* bei denen der Signifikant und das Signifikat durch Ähnlichkeit bestimmt sind (vgl. Wollen 1974, S. 122). Die Beziehung zwischen Signifikant und Signifikat erscheint „natürlich" und „verständlich". Das Bild (also auch ein Gemälde oder eine Photographie) einer Katze ist der Katze näher als das Wort Katze. Dies macht den Film leichter entzifferbar; allerdings beruht auch dieser Prozeß auf Lernerfahrungen. So berichtet Béla Balázs (1930/1984) von den frustrierenden Erfahrungen eines russischen Gutsverwalters, der ein gebildeter Intellektueller war, jedoch noch nie einen Film gesehen hatte.

„Dieser Mann kam nun einmal nach Kiew und sah zum erstenmal einen Film. Eine sehr einfach gemachte Fairbanks-Geschichte. Kinder saßen um ihn herum und freuten sich. Unser Mann starrte mit gerunzelter Stirne, in äußerster Konzentration auf die Leinwand, zitternd und keuchend vor Aufregung und Erschöpfung. Er war ganz erschöpft, als man herauskam. ‚Nun, wie hat es dir gefallen?' fragte mein Freund. ‚Sehr! Ungeheuer interessant. Aber … was ist in diesem Film eigentlich vorgegangen?' … Er hatte den Film nicht begriffen. Die *Handlung,* der Kinder mühelos folgen konnten, hatte er nicht erfaßt. Denn es war eine neue Sprache gewesen, die allen Städtern geläufig war und die er, der hochgebildete Intellektuelle, noch nicht verstanden hatte." (Balázs 1984, S. 52)

Auch ikonische Zeichen beruhen also auf *Konventionen,* die man kennen muß. Allerdings sind sie nicht vollständig arbiträr, da sie immer

einige Bedingungen der natürlichen Wahrnehmung eines Objekts re-
produzieren (vgl. Eco 1976, S. 593ff.). Trotzdem sind sie nur innerhalb der Kultur, in der sie verwendet werden, mühelos entzifferbar
(vgl. Lotman 1977, S. 15).

Die „Filmsprache"

Bereits Balázs begriff den Film als eine „Sprache", ebenso Eisenstein,
die russischen Formalisten und viele andere. Die Filmsemiotiker stellten sich nun jedoch die Frage, ob der Film auch im Sinne Saussures
eine Sprache ist. Dazu muß er einige strukturelle Voraussetzungen erfüllen. Die Antwort von Christian Metz, dem wichtigsten Forscher auf
dem Gebiet der Filmsemiotik, ist „ja und nein" (vgl. Lapsley und
Westlake 1988, S. 38ff.).

Mit einem Film lassen sich wie mit einer natürlichen Sprache Geschichten erzählen, allerdings gibt es auch große Unterschiede. Neben
der bereits erwähnten Verschiedenheit zwischen dem Filmbild und
dem von Saussure beschriebenen Zeichen ist das Kino nicht für die ge-
genseitige Kommunikation einsetzbar. Der Film unterscheidet sich
von einer natürlichen Sprache wie Französisch oder Portugiesisch
auch insofern, als man keine Vokabeln lernen muß, um Filme verstehen zu können. Während in einer natürlichen Sprache eine potentiell
unendliche Zahl von Äußerungen durch eine beschränkte Anzahl von
Worten erzeugt werden kann, läßt sich bei einem Film eine kleinste
Einheit wie das Wort nicht ausmachen. Weder das Bild noch die Einstellung kommen, wie Metz (1979) gezeigt hat, hierfür in Frage.

„Die Zahl der möglichen Einstellungen ist unendlich im Gegensatz zur Zahl
der Wörter in einer Sprache … Die Einstellungen werden vom Filmemacher
erfunden, im Gegensatz zu den Wörtern, die bereits im Lexikon existieren …
Die dem Empfänger einer Einstellung gelieferte Information ist unbestimmt
groß, nicht aber die von einem Wort gelieferte … ." (Metz 1979, S. 332)

Die Einstellung im Film entspricht deshalb eher einer Äußerung als einem Wort. Monaco (1980) faßt die Diskussion zusammen:

„Tatsache ist, daß der Film, anders als die geschriebene oder gesprochene
Sprache, nicht aus Einheiten als solchen zusammengesetzt ist, sondern daß er
eher ein Bedeutungskontinuum ist. Eine Einstellung enthält soviel Information, wie wir darin lesen wollen, und welche Einheiten auch immer wir innerhalb der Einstellung definieren, sie sind willkürlich festgesetzt." (S. 143)

Trotz dieser Einwände sind Parallelen zu einer natürlichen Sprache

nicht völlig abzuweisen. Der Film verfügt wie diese über regelhafte Zeichensysteme, über Kodes, die wie eine Sprache funktionieren. Die Kodes, in denen die Zeichen organisiert sind, funktionieren nach kulturell verankerten Regeln. „All codes depend upon an agreement amongst their users and upon a shared cultural background. Codes and culture interrelate dynamically" (Fiske 1982, S. 69). Um einen Film zu verstehen, muß ich mich nun nicht zuerst mit diesen Kodes vertraut machen, sondern diese erschließen sich über das Verständnis des Films. Metz beschreibt diesen Zusammenhang folgendermaßen: „Nicht weil das Kino eine Sprache ist, kann es uns so schöne Geschichten erzählen, sondern weil es sie uns erzählt hat, ist es zu einer Sprache geworden" (Metz 1974, S. 73).

Zeichensysteme des Filmtextes

Im folgenden sollen einige wichtige *Zeichensysteme* des Films, mit denen Geschichten erzählt werden, etwas näher betrachtet werden. Es ist keine vollständige Darstellung angestrebt, sondern eine Veranschaulichung der *Zeichenpraxis* Film. Wir unterscheiden im Anschluß an Schaaf zwischen bedeutungsändernden, bedeutungsbildenden und bedeutungstragenden Systemen (vgl. Schaaf 1980, S. 48ff.). Diese Kodes und Konventionen befinden sich, semiotisch betrachtet, auf der Ebene des Signifikanten.

Die *bedeutungsändernden Systeme* sind die Beleuchtung, die Brennweite des Kameraobjektivs, die Kameraeinstellung und die Kameraperspektive. Diese Elemente sind dem Zuschauer meist nicht bewußt, da sie keine Eigenbedeutung haben. Sie verleihen dem Dargestellten aber einen ganz spezifischen Akzent.

Die Beleuchtung hat zwei wesentliche Funktionen. „The first is expressive – setting a mood, giving the film a ‚look‘ ... or contributing to narrative details such as character or motivation" (Turner 1988, S. 54). So kann die Beleuchtung eine expressive Funktion haben, indem sie z.B. eine nostalgische Atmosphäre erzeugt. In BLADE RUNNER (1982) ist die Düsternis, wie in den Filmen der Schwarzen Serie, ein Index für den gesellschaftlichen und moralischen Zerfall, außerdem für die ökologische Zerstörung der Erde. Auch die Faszination von CITIZEN KANE (1941) basiert zu einem Teil auf Beleuchtungsexperimenten. Die Beleuchtung kann auch dazu beitragen, ein bestimmtes Image zu erzeugen. So verdankt Marlene Dietrich ihre faszinierende Schönheit der Sternbergschen Beleuchtungstechnik („von oben rechts"). Mit

Licht und Schatten schuf er ein Frauenbild aus „Stahl und Seide" (vgl. Goetz und Bantz 1990, S. 153).

Diese einen Charakter schaffende und enthüllende Funktion kann durch bestimmte Kameraeinstellungen unterstützt werden. So zeigen Großaufnahmen des Gesichts Gefühle an. Außerdem erscheinen Personen, die in der Oberperspektive aufgenommen werden, unbedeutend, in der Unterperspektive drohend. In Filmen von Orson Welles, so in CITIZEN KANE, sind Figuren oft von unten photographiert, um ihren Charakteren dämonische Züge zu verleihen.

Bei den *bedeutungsbildenden Elementen* des Film unterscheidet Schaaf (1980) zwischen folgenden Systemen: 1. das dramaturgische System; 2. das fotografische System; 3. das sprachliche System; 4. das musikalische System (Schaaf 1980, S. 49). Das Zusammentreffen dieser vier Zeichensysteme macht das Bedeutungspotential eines Films aus.

Interessanterweise wird dem musikalischen System in Filmanalysen oft die geringste Beachtung geschenkt, obwohl der *Sound* nicht nur im Musical wichtige Funktionen übernehmen kann.

„It can serve a narrative function … ; … it can provide powerful emotional accompaniment to a film's high points. Most importantly, if most obvious, it enhances realism by reproducing the sounds one would normally associate with the actions and events depicted visually." (Turner 1988, S. 56f.)

Außerdem wirken Filme aus den fünfziger oder sechziger Jahren „realistischer", wenn sie mit Popsongs aus dieser Zeit untermalt werden. Bei Filmen wie FLASHDANCE (1983) oder PURPLE RAIN (1984) bestimmen die kulturellen Erfahrungen des meist jugendlichen Kinopublikums im Umgang mit populärer Musik, was sie sehen und hören.

Die Musik kann in Filmen auch Szenen miteinander verbinden. In DIE MAFIOSIBRAUT (1988) von Jonathan Demme ertönen heitere und ausgelassene Klänge, als zwei Männer einem von ihnen ermordeten Mafiaboß die Augen schließen und den Tatort verlassen. Die Musik wird in der darauffolgenden Szene beibehalten, in der sich die Frauen der Mörder in einem Friseursalon hübsch machen lassen. Die Musik macht dem Zuschauer durch die Verbindung dieser vom Inhalt her an sich heterogenen Szenen deutlich, daß er es mit einem Milieu zu tun hat, in dem Mord zum Alltag gehört.

Gleichzeitig ist die Musik aber nie eine rein kognitive Anweisung, sie *fühlt* auch für die Zuschauer. In GEFÄHRLICHE FREUNDIN (1986), ebenfalls von Demme, hört man in der ersten Hälfte Reggae- und Popsongs, die den spielerischen Charakter der amourösen Beziehung zwischen einem „Yuppie" und seiner „Verführerin" unterstreichen. Als sich aus dem „Spiel" durch das überraschende Auftauchen des kriminellen Ehemanns ein Kampf mit allen Konsequenzen entwickelt, ertönen harte Rocksongs. Frith (1986) faßt diese Funktion der Musik zusammen: „The important point here is that as spectators we are drawn to identify not with the film characters themselves but with their emotions, which are signalled pre-eminently by music which can offer us emotional experience directly" (Frith 1986, S. 69). Die Musik darf nun nicht als „Manipulationsmittel" mißverstanden werden; sie ist aber ein „direkteres" Kommunikationsmittel, als es die Sprache je sein kann, was bereits Platon wußte. Im Kino trägt sie auch dazu bei, daß das Vergnügen kein auf den Einzelnen zentriertes Erlebnis bleibt, sondern kollektiv geteilt wird.

Die *bedeutungstragenden Systeme* sind die Einstellung, die Szene, das Syntagma, die Syntagmenfolge und schließlich der gesamte Film. Eine Einstellung ist dadurch definiert, daß während ihrer Dauer kein Schnitt erfolgt. Die Szene, ein Begriff aus der Theatersprache, zeichnet sich durch die Einheit von Ort und Zeit aus. Sie kann aus einer oder mehreren Einstellungen bestehen. Wenn das letztere zutrifft, wird sie auch als Syntagma bezeichnet. Darunter wird ein inhaltlich zusammenhängender Abschnitt einer Handlung verstanden, der z.B. auch an verschiedenen Orten stattfinden kann. Wenn wir uns die Verknüpfung der bedeutungstragenden Systeme genauer anschauen, können wir zwischen der *Mise en Scène,* der Veränderung des formbaren Raums, und der Montage, der Veränderung der formbaren Zeit, unterscheiden.

Unter der *Mise en Scène* wird die Bildkomposition einer Einstellung verstanden. Eine gelungene *Mise en Scène* trägt die filmische Konstruktion sozialer Realität. Ein Meister dieser Technik war Orson Welles. Er hatte ein großes Wissen über optische Systeme und wie man diese verwenden mußte, um bestimmte Bedeutungen zu erzeugen. So beruht der besondere Charakter von CITIZEN KANE auf der Verwendung der Tiefenschärfe, eines Weitwinkelobjektivs, das dem Gesichtsfeld des menschlichen Auges nahekommt, und der Besonderheit, daß die Innenräume im Film über Zimmerdecken verfügen.

„In *Citizen Kane* ebenso wie in *The Magnificent Ambersons* tragen die unter Zimmerdecken angeordneten Szenen dazu bei, jene Welten, in denen sich die Helden bewegen, zu kontrahieren, artifizieller zu gestalten, die Vorahnung ihres Schicksals angsterregender, ‚erdrückender' werden zu lassen." (Bessy 1985, S. 66)

Bazin war der Auffassung, daß die Verwendung der Tiefenschärfe eine Vieldeutigkeit der Bildstruktur zur Folge habe (1975, S. 40) und

einen aktiven Zuschauer verlange. Ihre einzelnen Komponenten enthalten eine Vielzahl von Zeichen, deren Entzifferung für ein tieferes
Verständnis des Films wichtig ist. So werden in DER LEOPARD (1962)
von Visconti die veränderten gesellschaftlichen Kräfteverhältnisse
zwischen Bürgertum und Adel im Italien des 19. Jahrhunderts durch
die *Mise en Scène* von Festen und Bällen deutlich gemacht. Die Komplexität der Bedeutungen in den einzelnen Szenen erschließt sich einem historisch ungebildeten Zuschauer oft erst nach mehrmaliger
Rezeption.

Während die bisher besprochenen Zeichensysteme sich auch in
anderen Künsten finden, ist der *Schnitt,* die abschließende Phase im
Prozeß der Filmproduktion, eine rein filmische Technik. Das Kombinieren verschiedener, scheinbar unzusammenhängender Einstellungen zu einem logischen und organischen Ganzen, dessen ästhetischer
Aspekt in der Filmtheorie *Montage* genannt wird, läßt filmische Syn-
tagmen, die Kombination einer beliebig großen Zahl von Einstellungen, und damit einen Film entstehen.

Bereits Griffith und Eisenstein setzten die Montagetechnik ein. So
wechseln sich in Griffiths THE BIRTH OF A NATION (1915), einem
Film über den amerikanischen Sezessionskrieg, bei der Darstellung
der Schlacht von Pittsburgh Totalen des Kampfgeschehens mit Nah-,
Groß- und Detailaufnahmen der Soldaten ab. Auch der PANZER-
KREUZER POTEMKIN (1925) von Eisenstein ist für seine rhythmische
und visuelle Überzeugungskraft berühmt geworden.

„Kollision von Gegensätzen, Umschlagen eines Zustands in den anderen bestimmen jede einzelne Phase der berühmten Treppensequenz. ‚Zusammen-
prall' liegt schon im Alternieren von Großaufnahmen und Totalen während
dieser Sequenz. Den chaotisch rennenden Gestalten der Volksmenge folgen
unmittelbar die rhythmisch die Treppe hinabstampfenden Soldatenbeine. Die
sich steigernde Abwärtsbewegung schlägt um in eine Aufwärtsbewegung: die
Mutter, die ihr ermordetes Kind den Soldaten entgegenträgt. Doch dann ver-
kehrt sich die Aufwärtsbewegung wieder in Abwärtsbewegung. Das Laufen
der Menge springt um in eine neue Darstellungsmethode: ein Kinderwagen
rollt die Treppe herab." (Gregor und Patalas 1962, S. 108)

Diese vielleicht berühmteste Schnittszene der Filmgeschichte wurde
oft kopiert. So wird sie z.B. von Brian de Palma in seinem Film THE
UNTOUCHABLES (1986) zitiert. Bei Verfolgungsjagden, nach Hitchcock der „endgültige Ausdruck des filmischen Mediums" (nach Kracauer 1985, S. 72), wird ebenfalls die Montage eingesetzt. Berühmte
Beispiele sind das Wagenrennen in BEN HUR (1959) und die Auto-
und Zugverfolgungsjagd in FRENCH CONNECTION I (1971).

Neben dramatischen Handlungen wird die Montage auch dazu benutzt, Seelenzustände darzustellen. Berühmt geworden ist das Experiment des Filmpioniers Kuleschow. Dieser war schon sehr früh vom Grundprinzip der Filmmontage überzeugt: Nicht der Inhalt einer einzigen Einstellung ist für den Film wesentlich, sondern die Kombination mit einer anderen. In einem Experiment kombinierte er ein und dieselbe Aufnahme eines Schauspielers mit dem Bild einer toten Frau in einem Sarg, eines Tellers Suppe und eines spielenden Mädchens. Die Zuschauer, die die drei Sequenzen sahen, interpretierten den Gesichtsausdruck des Schauspielers als traurig, hungrig oder gerührt. Aus dem Inhalt zweier nacheinander geschnittener Einstellungen entsteht eine neue Bedeutung. Dieses Verfahren wird auch in ROBOCOP (1987) eingesetzt, als der schwer verletzte Polizist Murphy (Peter Weller) auf einem OP-Tisch behandelt wird. Während der Wiederbelebungsversuche erinnert er sich abwechselnd an sein Familienleben und an seine Hinrichtung durch eine Gangsterclique. Als ihm diese in den Sinn kommt, verdunkelt sich schließlich das Bild: Murphy ist gestorben.

Lotman faßt die Bedeutung der Montage folgendermaßen zusammen:

„Die Schaffung neuer Bedeutungen sowohl aufgrund der Montage zweier verschiedener Abbildungen auf der Leinwand als auch aufgrund des Wechsels verschiedener Zustände einer Abbildung ist keine statische Mitteilung, sondern ein dynamischer narrativer [erzählender] Text, der mit Hilfe von Abbildungen, von optischen ikonischen Zeichen realisiert, das Wesen des Films ausmacht." (Lotman 1977, S. 91)

Neben den speziell filmischen Kodes, zu denen auch die Kodes des *Auteurs* und des *Genres* gehören, gibt es auch nicht-filmische Kodes wie z.B. den Dialog, die Gestik oder den Gesichtsausdruck (vgl. Metz 1974). Ein filmischer Text ist damit aus einer Vielzahl heterogener Zeichensysteme zusammengesetzt, die bei der Bedeutungsproduktion miteinander interagieren. Sie konfrontieren den Rezipienten mit einer potentiell unbegrenzten Menge an Bedeutungen.

Die Analyse der filmischen Bedeutungen

Die erwähnten Kodes machen die Komplexität der „Filmsprache" deutlich, welche in der soziologischen und psychologischen Forschung oft nicht beachtet wird. Man beschränkt sich gewöhnlich auf die Analyse des Filminhalts und setzt stillschweigend voraus, daß des-

sen Bedeutungen „gegeben" sind und das Verständnis des Films un-
problematisch ist. Andrew Tudor hat nun ein Analyseschema entwickelt, das reduktionistische Analysen vermeiden und die filmische
Bedeutungsproduktion möglichst differenziert abbilden soll (Tudor
1974, S. 126ff.).

Aspect	Channel		
	Nature of film world	Thematic structure	Formal structure
Cognitive	Factual nature of film world	Events in thematic development, e.g. plot	Factual meanings conveyed by form
Expressive	Emotional meanings associated with film world	Emotional involvement in thematic structure	Emotional consequences of formal structure
Normative	Normative meanings implicit in film world	Normative meanings implicit in thematic structure	Normative meanings conveyed by formal means

Abb. 1: Analyseschema der filmischen Bedeutungen
(nach Tudor 1974, S. 131)

Er unterscheidet zwischen den „Aspekten der Bedeutung", die sich in
kognitive, emotionale und normative Bedeutungen einteilen lassen,
und den „Bedeutungskanälen", der Art der Filmwelt, der thematischen
und der formalen Struktur.

Für Tudor stellt dieses Schema einen ersten Schritt auf dem Weg zu
einer soziologischen Filmanalyse dar. Es soll in der Filmanalyse sowohl eine Orientierung und Ordnung ermöglichen als auch eine „Ba-
lance" einbringen, welche Einseitigkeiten wie die der Inhaltsanalyse
oder der Filmkritik vermeidet.

Polysemie des Filmtextes

Auch durch das Analyseschema von Tudor wird deutlich, daß ein Film
den Rezipienten mit Bedeutungen auf verschiedenen Ebenen konfron-
tiert und so *polysem* (mehrdeutig) strukturiert ist. Bereits Eisenstein begriff den Film als eine plurisensorische Symphonie. In einer berühmt
gewordenen Sequenz im PANZERKREUZER POTEMKIN (1925) stellt er
drei verschiedene steinerne Löwen gegenüber und erweckt so den Ein-

druck der Bewegung, eines wütenden Sichempörens. Im Rahmen des Films stellt diese Sequenz einen Kommentar zur Handlung dar. Die Löwen sind Metapher für den Volkszorn, aber auch Metonymie (Ersatzbedeutung) für die Stadt Odessa, zu der die Löwen gehören.

Die Polysemie von Filmen unterstreicht die Plausibilität der semiotischen Grundannahme, daß der Rezipient, wenn er die Filme verstehen will, sie als einen Text lesen muß. Er muß die Zeichen, die er wahrnimmt, unter der Perspektive interpretieren, daß sie von „jemandem" bewußt „gesendet" wurden. Gerade hier besteht eine wesentliche Differenz zur natürlichen Wahrnehmung. In einer Stadt sind Fragen wie „Was bedeutet dieses Hochhaus? Was will diese Mülltonne ausdrücken?" unangebracht. Wenn diese Objekte jedoch im Film durch Zeichen repräsentiert werden, werden sie dadurch zum Bedeutungsträger, gemacht und die Fragen werden sinnvoll (vgl. Lotman 1977, S. 27).

Für anspruchsvolle Filme ist gerade kennzeichnend, daß die Kombination optischer und akustischer Elemente nicht automatisch, sondern künstlerisch motiviert ist. Lotman schreibt hierzu: „Tatsächlich ist die ganze Geschichte des Kinos als Kunst eine Kette von Entdeckungen, die darauf abzielen, den Automatismus aus all den Gliedern zu eliminieren, die in den Bereich künstlerischer Ziele gehören" (Lotman 1977, S. 30f.). Ein Film zeigt nicht nur „Wirklichkeit", er ist zugleich auch eine Interpretation der „Wirklichkeit". So bedeutet das Bild einer Katze immer „Hier ist eine (ganz bestimmte) Katze", es macht also eine Feststellung, indem der Filmemacher aus einer unbegrenzten Anzahl von Katzen eine ausgewählt und in einer besonderen Art und Weise dargestellt hat (vgl. Monaco 1980, S. 145). Die Katze hat eine bestimmte Farbe, ist dick oder dünn, wird aus einem bestimmten Winkel gefilmt, die Kamera bewegt sich oder nicht, das Licht wird auf eine bestimmte Art und Weise eingesetzt. Auch das Genre (z.B. okkulter Thriller, schwarze Komödie) kann der Katze eine besondere Bedeutung verleihen. Die durch filmtechnische Mittel erzeugten *konnotativen Effekte* haben kulturelle Bedeutungen, und es hängt vom Wissen der Rezipienten ab, ob sie die verschlüsselte Botschaft der Bilder entziffern können.

Die Aussagen von Filmen sind also nicht *eindeutig*. „Ein Bild ist bisweilen tausend Worte wert" (Monaco 1980, S. 145). Wie Bitomsky (1975) gezeigt hat, wird die „Deutlichkeit der Präsenz" der dargestellten gegenständlichen Welt (Ebene der Signifikanten) von einer „Undeutlichkeit der Repräsentanz" (Ebene der Signifikate) begleitet. Was die dargestellten Gegenstände, Farben etc. bedeuten, bleibt ungenau.

Semiotisch formuliert, sind sie polysem angelegt. Deshalb kann es nicht eine enthüllende Analyse eines Films geben, wie es in der Filmkritik bisweilen suggeriert wird. Die Lesarten differieren je nach Kontext der Rezeption. An diesem Punkt ist für die Filmsoziologie die Kritik und Weiterentwicklung des Saussureschen Strukturalismus durch Jaques Derrida von großer Bedeutung.

Derrida (1972, 1979) konnte zeigen, daß die Bedeutung (Signifikat) eines Zeichens nie endgültig und eindeutig festgelegt ist, da sie nicht nur durch die Verschiedenheit der Signifikanten (Laut- und Schriftbilder) bestimmt ist, sondern auch durch einen *endlosen Verschiebungsprozeß (différance),* dem die Signifikanten unterworfen sind. So variiert die Bedeutung des Signifikanten „Kultur" je nach Kontext von der Aufzucht bestimmter Tiere über die künstliche Entwicklung mikroskopischer Organismen bis zum ästhetischen Qualitäts- und Wertmaßstab. Nur innerhalb eines diskursiven Kontextes kann es durch eine bestimmte Lesart zu einer *vorübergehenden Festlegung* der Bedeutung eines Signifikanten kommen. Was Derrida vor allem für philosophische Texte gezeigt hat, gilt noch mehr für Filme. Ihre Bedeutungen lassen sich nicht festlegen, sie stehen ständig neuen Interpretationen und Lesarten offen. Die Filmrezeption ist eine *aktive Leistung:* „Während der Zuschauer das Geschehen auf der Leinwand betrachtet, ergänzt er das Gezeigte in seiner Phantasie zu einem sinnvollen Zusammenhang" (Hoeppel 1985, S. 31). Bei Filmen hängt es also von den Rezipienten ab, welche *Bedeutungen* und welches *Vergnügen* sie fabrizieren.

Kapitel 3

Der Film als Erzählung

> *„When a film achieves a certain success,*
> *it becomes a sociological event, and the question*
> *of its quality becomes secondary. "*
> (Truffaut 1972, S. 100)

Perspektiven der soziologischen Genreanalyse

Spielfilme erzählen Geschichten. Im allgemeinen umfaßt der Prozeß des Erzählens die Beschreibung und Erklärung von Ereignissen. Der amerikanische Philosoph Arthur Danto (1974) hat diese ordnungsstiftende Funktion folgendermaßen charakterisiert:

„Ich würde demnach sagen, daß jede Erzählung eine den Ereignissen unterlegte Struktur ist, die einige von ihnen mit anderen gruppiert. [...] Jede Erzählung wäre idealiter bestrebt, einzig jene Dinge aufzunehmen, die für andere Ereignisse relevant oder signifikant sind." (Danto 1974, S. 215)

Auch Spielfilme bestehen aus „Ereignissen", einzelnen Szenen, die vom Regisseur in einen sinnvollen Zusammenhang gebracht wurden. Dadurch wird zunächst die den Bildern und ihrem Wechselspiel mit dem Ton inhärente Polysemie reduziert. Der Zuschauer fokussiert sein Interesse, indem er der Handlung folgt und auf ihren Fortgang gespannt ist. Zudem ist für den populären Film kennzeichnend, daß die Struktur der Erzählung und auch ihre visuelle Gestaltung zum großen Teil „vorhersehbar" sind. Die Filme sind nie einzigartig und selten außergewöhnlich oder überraschend. Dies macht sie jedoch keineswegs uninteressant. Im Gegenteil, die *Lust am Text* (Barthes 1974) entsteht für die Zuschauer gerade durch das „Wiedererkennen" vertrauter Muster und durch das Zurechtfinden in einer Filmwelt, deren Regeln und Gesetze sie kennen. Man nennt diese ‚Welten‘ des populären Films *Genres*. Tudor (1974) charakterisiert ein Genre folgendermaßen: „It defines a moral and social world, as well as a physical and historical environment. By its nature, its very familiarity, it inclines toward reassurance" (Tudor 1974, S. 180). Filmgenres sind so relativ festgelegte kulturelle Muster, die zudem weltweit verbreitet sind.

Zunächst einmal gehört zu einem Genre eine bestimmte Sammlung erzählbarer Geschichten, die es von anderen Genres unterscheidet. Allerdings gilt: „Kein Genre weist mehr als ein Dutzend Geschichten mit freilich schier unendlichen Variationen auf" (Seeßlen 1987, S. 214). Außerdem lassen sich zumindest für die Hollywood-Genres auch gemeinsame Merkmale in bezug auf die Erzählstruktur bestimmen:

> *„establishment* (via various narrative and iconographic cues) of the generic community with its inherent dramatic conflicts; *animation* of those conflicts through the actions and attitudes of the genre's constellation of characters; *intensification* of the conflict by means of conventional situations and dramatic confrontations until the conflict reaches crisis proportions; *resolution* of the crisis in a fashion which eliminates the physical and/or ideological threat and thereby celebrates the (temporarily) well-ordered community." (Schatz 1981, S. 30)

Neben diesen die Genres verbindenden erzählerischen Konventionen umfaßt ein Filmgenre individuelle ikonographische Merkmale – so z.B. die weite Prärie im Western, die regennassen Straßen im Gangsterfilm und das gotische Szenario der Horrorfilme. Seeßlen (1987) meint hierzu:

> „All die Bilder, die die Genres in immer wieder neuen Kombinationen vorführen, sind Bilder, die vorher schon da waren. Bilder, die der Film nicht erfunden, sondern nur rekonstruiert hat. Die Ikonographie eines Genres besteht aus der Anwendung von visuellen Kompositionen, die man als ‚Urbilder' bezeichnen könnte." (Seeßlen 1987, S. 215)

Sowohl die erzählerischen als auch die ikonographischen Konventionen, die sich um solche in der Thematik, in den Motiven, in Bedeutungen etc. ergänzen lassen (vgl. Faulstich 1988, S. 78), verweisen darauf, daß Genres nicht nur aus Filmen bestehen: „They consist also, and equally, of specific systems of expectation and hypothesis which spectators bring with them to the cinema, and which interact with films themselves during the course of the viewing process" (Neale 1990, S. 46). Diese Erwartungen, die *Rahmen* im Sinne Goffmans (1977) darstellen, ermöglichen es den kompetenten Rezipienten, schnell und mit großer Genauigkeit das Genre eines Films zu bestimmen. Die *Genre-Rahmen* offerieren eine *Definition* der sich auf der Leinwand ereignenden Geschehnisse und organisieren auf diese Weise die Erfahrung der Rezipienten. Der Ablauf des Films und die Elemente, aus denen er besteht, werden verständlich und erklärbar. Wenn in einem Film plötzlich jemand ohne Erklärung zu singen anfängt und sich die anderen Personen nicht darüber wundern, dann ist dem erfahrenen Rezipienten klar, daß es sich um ein Musical handelt und er mit weiteren Gesangseinlagen rechnen muß. Ein Film wird also immer im Kontext anderer Filme seines Genres wahrgenommen. Deshalb umfassen die Genre-Rahmen „a knowledge of – indeed they partly embody – various regimes of verisimilitude, various systems of plausibility, motivation, justification and belief" (Neale 1990, S. 46). Was in einem Filmgenre zum Bereich des Glaubwürdigen oder Wahrscheinlichen gehört, hat in einem anderen keinen Platz. Zombies passen nicht in Kriminalfilme, Automobile sind auch in Spätwestern ungewöhnlich.

Neben den Erwartungen der Zuschauer, ihren kognitiven Landkarten, sind für die Genreanalyse auch die „Erwartungserwartungen" (Luhmann 1984) der Produzenten und Filmemacher von Bedeutung. Diese müssen, um kommerziell erfolgreiche Filme zu produzieren, die Erwartungen des Publikums in ihre Planung mit einbeziehen. Daher entsteht ein Genre in einem dynamischen Austauschprozeß zwischen der Filmindustrie und dem Filmpublikum.

Wesentlich für die Praktiken der Filmindustrie, die unter dem Druck steht, neue Versionen von populären Genrefilmen zu produzieren, ist die Schaffung eines Images für jeden Film. „An idea of the film is widely circulated and promoted, an idea which can be called the ‚narrative image' of the film, the cinema industry's anticipatory reply to the question, ‚what is the film like?' " (Ellis 1982, S. 30). In gewisser Weise ist das Image ein Versprechen, daß nach Kauf der Kinokarte durch das Filmerlebnis eingelöst werden soll.

Ein wesentlicher Bestandteil des *narrativen Images* ist neben dem Hinweis auf die im Film mitwirkenden Stars die Erwähnung relevanter Genremerkmale, die in Anzeigen, Filmplakaten und Vorschauen die Werbung entscheidend mitbestimmt. Von großer Bedeutung sind zusätzlich die Artikel in Filmzeitschriften, Feuilletons und im Fernsehen. Diese öffentlichen Diskurse bilden zusammen den *intertextuellen Vorspann* (Lukow und Ricci 1984) eines Films bzw. eines Filmgenres. Sie haben großen Anteil an der Definition eines Genre-Rahmens, indem sie Filme kategorisieren, bewerten und bei den Rezipienten bestimmte Erwartungen wecken.

Schließlich werden Filme auch Gegenstand alltäglicher Gespräche. Das *narrative Image* eines Films ist also ein komplexes Phänomen: „The narrative image that appears through this network is a mass of references to other films and cultural phenomena (a mass of repetitions therefore), and a series of enigmas, of questions whose answer can (usually) be found in the film itself" (Ellis 1982, S. 31).

Das Schaubild auf S. 42 veranschaulicht, daß ein Genre auf einem *impliziten Übereinkommen* zwischen den Filmemachern und dem Publikum besteht. Dieses partizipiert, wenn auch indirekt, an der Gestal-

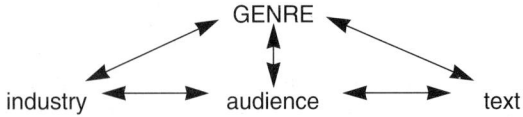

Abb. 2: Das Filmgenre als Prozeß (Turner 1988, S. 86)

tung eines Genres. Zusammenfassend lassen sich für eine vom Genre
ausgehende Filmanalyse folgende Gesichtspunkte festhalten:

„ (1) it assumes that film-making is a *commercial* art, and hence that its crea-
tors rely on proven formulas to economize and systematize production;
(2) it recognizes the cinema's close contact with its *audience,* whose response to individual films has affected the gradual development of story formulas
and standard production practices;
(3) it treats the cinema as primarily a *narrative* (storytelling) medium, one
whose familiar stories involve dramatic conflicts, which are themselves based
upon ongoing *cultural conflicts;* and
(4) it establishes a context in which cinematic *artistry* is evaluated in terms of
our filmmakers' capacity to re-invent established formal and narrative conventions." (Schatz 1981, S. VIIf.)

Der letzte Punkt weist darauf hin, daß Filmgenres, auch wenn sie
durch die Wiederholung bestimmter Konventionen konstituiert werden, einem dynamischen Veränderungsprozeß ausgesetzt sind. Denn
jeder Genrefilm stellt auch etwas Neues dar: „Each new genre film
constitutes an addition to an existing generic corpus and involves a se-
lection from the repertoire of generic elements available at any one
point in time. Some elements are included; others are excluded" (Neale 1990, S. 56). So waren die Monster im Horrorfilm der dreißiger Jahre, z.B. in DRACULA (1930) oder in WHITE ZOMBIE (1932),
übernatürliche Wesen, in PSYCHO (1960) ist das „Monster" ein Psychopath. In HALLOWEEN (1979), einem Film, der entscheidend zur
Renaissance des Genres beigetragen hat, wird die Trennung zwischen
psychologisch und übernatürlich charakterisiertem Monster überschritten. Dem Killer Michael Myers werden von dem Regisseur John
Carpenter Merkmale beider Monstertypen verliehen. Dies ist ein Beispiel dafür, daß die strukturellen Komponenten eines Genres (Plot,
Charaktere, Setting, Themen, Stil usw.) nicht starr festgelegt sind,
sondern verändert und neu kombiniert werden können. Dieser Prozeß
wird dann deutlich, wenn man die Entwicklung eines Filmgenres untersucht.

Im folgenden sollen deshalb die beiden wichtigsten soziologischen
Studien, die die Geschichte eines populären Filmgenres analysiert ha-

ben, diskutiert werden: Will Wrights strukturalistische Analyse des Westerngenres (Wright 1975) und Andrew Tudors Kulturgeschichte des Horrorfilms (Tudor 1989). Im Gegensatz zu rein ästhetisch orientierten Studien von Filmkritikern und -wissenschaftlern untersuchen die beiden Autoren die Genreentwicklung vor dem Hintergrund gesellschaftlicher Veränderungen.

Six Guns and Society. Die Studie von Will Wright

Will Wright hat mit seiner Untersuchung „Six Guns & Society. A Structural Study of the Western" (1975) eine wichtige und oft diskutierte Genreanalyse vorgelegt. Sein Ausgangspunkt ist die Popularität des Westerns in der amerikanischen Gesellschaft, deren Ursachen er aufklären möchte. Wright ist der Auffassung, daß der Erfolg der Westernfilme darauf zurückzuführen ist, daß sie in der amerikanischen Gesellschaft die Funktion von Mythen einnehmen. Allerdings ist diese These auf den ersten Blick nicht neu.

Parallelen zwischen dem Western und den Mythen schriftloser Völker wurden in der Filmkritik schon oft behauptet, da auch der Western in Analogie zu Mythen von der Ur-Zeit der Gründung einer Gesellschaft berichtet (Lehmann 1983, S. 578). Die Eroberung und Besiedlung des Westens, der Kampf gegen die Indianer, die Einführung und Durchsetzung des Gesetzes etc. stellen typische Elemente dar, die den historischen Mythos des Westerns ausmachen und aus denen, so die Auffassung, die moralischen Werte des „american way of life" hervorgegangen sind (vgl. Bazin 1975; Seeßlen und Weil 1979).

Wright verleiht nun aber diesem Argument ein größeres Gewicht, indem er davon ausgeht, daß die Westernmythen für die Rezipienten die Funktion von *alltäglichen Deutungsmustern* und *Handlungsorientierungen* übernehmen. Ihre mythische Kraft besteht nämlich in der Verwandlung der amerikanischen Geschichte in relativ einfache und überschaubare Zusammenhänge, in denen Konflikte, stellvertretend für die Alltagswirklichkeit der Rezipienten, symbolisch aufgehoben werden. Diese ordnungsstiftende Eigenschaft eines Filmgenres hat Seeßlen (1987) folgendermaßen beschrieben:

„Das Genre beantwortet das Problem des Zuschauers indes nicht im Sinne eines Lösungsvorschlages, sondern vielmehr durch Transponierung. Es findet sich wieder auf einer anderen, allgemeineren und mythischen Ebene; es antwortet auf Probleme, indem es deren zugrundeliegende Widersprüche in einem Mythos aufhebt." (Seeßlen 1987, S. 213)

Nach Wright besitzt diese mythische Qualität im nordamerikanischen Kontext vor allem das Westerngenre. Denn es verdankt seine Popularität gerade der Fähigkeit, den Rezipienten, die in einer sich dynamisch verändernden Industriegesellschaft leben, sinnhafte und stabile Deutungsmuster für die jeweilige gesellschaftliche Situation vermitteln zu können. Denn neue Problemlagen verlangen auch neue Mythen. Um das Bewußtsein der Rezipienten mit den alltäglichen Konflikten und Anforderungen abzustimmen, muß sich mit der Veränderung der gesellschaftlichen Verhältnisse auch die mythische Struktur der Westernfilme transformieren. Da Wright nun aber mehr möchte, als eine Analogie zwischen Genrefilm und Mythos herzustellen, knüpft er zur wissenschaftlichen Fundierung seiner Studie an die *strukturalistische Mytheninterpretation* an, insbesondere an die Arbeiten von Claude Lévi-Strauss.

Lévi-Strauss (1967, 1975) gelang es durch die strukturalistische Methode, der Mythenforschung neue wissenschaftliche Wege zu weisen. So konnte er zeigen, daß die Mythen der amerikanischen Ureinwohner nur auf den ersten Blick irrational und unerklärlich sind (Lévi-Strauss 1971ff.). Durch deren Zerlegung in konstitutive Einheiten, aus denen sich Sätze bilden lassen, wurden nämlich Strukturen sichtbar, und Lévi-Strauss konnte so nachweisen, daß die Mythen wie eine natürliche Sprache nach Regeln organisiert sind. Außerdem machte seine Analyse deutlich, daß das mythische Denken (wie das Denken überhaupt) binären Oppositionen folgt. Diese ermöglichen innerhalb der Handlung der Mythen Unterscheidungen und bestimmen so deren erzählerische Gestalt. Auch Filme bauen auf binären Unterscheidungen auf, so z.B. auf der Opposition zwischen Guten und Bösen.

Für Lévi-Strauss verweist die Bedeutung eines Mythos letztlich auf die universelle Struktur des menschlichen Geistes. Da er sich zudem mit den Mythen traditionaler Gesellschaften befaßt, stellt sich das Problem gesellschaftlicher Veränderungen und einer damit zusammenhängenden Transformation der Mythen für ihn nicht. Deshalb muß Wright zur Verwirklichung seines Vorhabens einer Genregeschichte und damit einer Geschichte der Funktion von Westernmythen über Lévi-Strauss' Ansatz hinausgehen. Er schlägt deshalb folgendes Vorgehen vor: „ … to relate myth to the ordinary responsibilities of people who act and must understand their actions, we need a theory that attempts to explain the interaction between symbolic structures and the possibility of human interaction" (Wright 1975, S. 17). Um das Verhältnis von Mythos und Alltag in den Griff zu bekommen, setzt er bei der Popularität von Filmen an, an der er die mythische Kraft eines

Westerns mißt. Daher liefern in erster Linie die kommerziell erfolgreichen Filme die den jeweiligen historischen Gegebenheiten ange-
messenen Orientierungen. Mit der Veränderung der gesellschaftlichen
Verhältnisse wechselt auch die mythische Struktur der Filme, die wie
die Funktionsprinzipien der Mythen schriftloser Völker weder den Zuschauern noch den Produzenten bewußt ist. Deshalb läßt sich auch der
Erfolg von neuen Western weder durch Stars noch durch eine auf-
wendige Produktion oder Werbung garantieren. So waren z.B. die
erfolgreichen „Dollar-Filme" von Sergio Leone italienische Billigproduktionen, die jedoch das Westerngenre neu belebten und aus dem da-
mals noch unbekannten Fernsehcowboy Clint Eastwood einen inter-
nationalen Star machten.

„My argument, then, is that within each period the structure of the myth cor-
responds to the conceptual needs of social and self understanding required by
the dominant social institutions of that period; the historical changes in the
structure of the myth correspond to the changes in the structures of those dominant institutions." (Wright 1975, S. 14)

Das Bild der Vergangenheit, das die Western heraufbeschwören, stellt
daher nicht nur eine für den Alltag nützliche Interpretationsressource
dar, sondern gleichzeitig eine Legitimation der jeweiligen gesellschaftlichen Verhältnisse. Die Analyse des Western wird für Wright
zur Ideologiekritik, die Methode von Lévi-Strauss soll der „Schlüssel"
sein, um sie durchzuführen zu können.

Gegenstand der *strukturalistischen Analyse* von Wright sind ausschließlich die kommerziell erfolgreichen Westernfilme, die im Zeitraum von 1931 bis 1972 gedreht wurden und in den USA und in
Kanada mehr als 4 Millionen Dollar eingespielt haben. Er unterscheidet bei den 64 analysierten Filmen zwischen vier *Typen:* 1) Der *klassische Western* von 1930 bis ungefähr 1955 (insgesamt 24 Filme);
dazu gehören Filme wie WELLS FARGO (1938), DUEL IN THE SUN
(1947) und SHANE (1953). 2) Der *Rache-Western,* eine Variation des
klassischen Western, von ungefähr 1955 bis 1960 (9 Filme); THE
MAN FROM LARAMIE (1955) ist ein Beispiel für diesen Typ. 3) Der
Übergangs-Western (3 Filme) in der ersten Hälfte der fünfziger Jahre;
dieser Typ wird durch Filme wie HIGH NOON (1952) und JOHNNY
GUITAR (1954) repräsentiert. 4) Der *Profi-Plot Western,* in dem professionelle Kämpfer im Mittelpunkt stehen (18 Filme), von 1958 bis
1970. THE SONS OF KATIE ELDER (1965), THE PROFESSIONALS
(1966) und THE WILD BUNCH (1969) stehen für diese mythische
Struktur. Die Typen 2, 3 und 4 lassen sich als Transformationen des

klassischen Western begreifen, von dem das Genre ausgegangen ist. Wie Lévi-Strauss (1974) in bezug auf die Mythen der schriftlosen Völker, so kommt auch Wright zu dem Ergebnis, daß es einen ursprünglichen Mythos, einen „Ursprungswestern", von dem alle anderen abgeleitet sind, nicht gibt. Jedoch lassen sich die einzelnen Western auf analytischer Ebene als verschiedene Fassungen eines *Mythos* begreifen.

Deshalb ist die Analyse von Wright so aufgebaut, daß er nach einer Inhaltsangabe jeweils für einen *Westerntyp* repräsentativer Filme deren *Funktionen* isoliert. Unter Funktionen versteht man in der strukturalistischen Tradition die gemeinsamen Handlungen und Situationen von Erzählungen. Wright folgt hier der auch für Lévi-Strauss (vgl. Lévi-Strauss 1975, S. 135ff.) wichtigen formalistischen Analyse von Zaubermärchen, die Vladimir Propp durchgeführt hat (vgl. Propp 1972, 1987). Denn die Bestimmung der *Funktionen* enthüllt, wie die Handlung und das Verhältnis zwischen den Hauptfiguren sich verändern. Danach untersucht Wright, welche symbolische Bedeutung die Hauptfiguren, die sich aus den Helden, der Gesellschaft und den Bösewichten zusammensetzt, haben.

Er bestimmt zunächst die für den Westernmythos typischen Klassifikationen, die sich in folgenden *Oppositionen* ausdrücken lassen: gut/schlecht, Zivilisation/Wildnis, innerhalb der Gesellschaft/außerhalb der Gesellschaft, stark/schwach (Wright 1975, S. 59). Mittels dieser Kodierungen wird in den Filmen die symbolische Bedeutung der Hauptfiguren vermittelt.

Der klassische Western

Für die Filme des klassischen Western ist typisch, daß der Held, ein Individualist mit außergewöhnlichen Fähigkeiten, erst davon überzeugt werden muß, daß es sich lohnt, für die Gesellschaft und ihre Werte einzutreten. Danach kämpft er gegen die Bösewichte, die die Gesellschaft bedrohen, und besiegt sie. Anschließend versöhnt er sich, oft durch eine Heirat mit einer Bürgertochter, mit der Gesellschaft. Wright identifiziert beim klassischen Plot insgesamt 16 *Funktionen:*

„1. The hero enters a social group.
2. The hero is unknown to the society.
3. The hero is revealed to have an exceptional ability.
4. The society recognizes a difference between themselves and the hero; the hero is given a special status.
5. The society does not completely accept the hero.

    6. There is a conflict of interests between the villains and the society.
    7. The villains are stronger than the society.
    8. There is a strong friendship or respect between the hero and a villain.
    9. The villains threaten society.
    10. The hero avoids involvement in the conflict.
    11. The villains endanger a friend of the hero.
    12. The hero fights the villains.
    13. The hero defeats the villains.
    14. The society is safe.
    15. The society accepts the hero.
    16. The hero loses or gives up his special status." (Wright 1975, S. 48f.)

Die sechzehn Funktionen beschreiben die narrative Struktur des klassischen Western. Diese „presents a dramatic model of communication and action between characters who represent different types of people inherent in our conceptualization of society" (Wright 1975, S. 49). Das Verhältnis zwischen den Hauptfiguren läßt sich folgendermaßen darstellen:

Held-Gesellschaft	Bösewichte
Gut	Böse
innerhalb der Gesellschaft	außerhalb der Gesellschaft
Zivilisation	Wildnis
Stark	Schwach

Die „innerhalb der Gesellschaft/außerhalb der Gesellschaft"-Kodierung sei am Beispiel von SHANE (1952) etwas näher erläutert. Der Held, gespielt von Alan Ladd, ist ein umherziehender Westerner, der zu Beginn des Films von den Bergen in ein Tal herabreitet. In einer Parallelmontage werden diese Szenen mit denen einer Farm, ihrem Garten, Zäunen und Kühen verbunden. Die Farmerfamilie wird bei alltäglichen Aktivitäten gezeigt. Damit wird die Differenz „innerhalb der Gemeinschaft/außerhalb der Gemeinschaft" eröffnet. Sie zieht sich durch den gesamten Film. So haben auch die anderen Farmer Familien und Besitztümer, weshalb sie Shane, der als Besitzloser auch nichts zu verlieren hat, mißtrauen. Am Ende des Films reitet er allein in die Berge zurück.

Der „Rache"-Western

Die Rache-Variation des klassischen Western unterscheidet sich von diesem insofern, als das Verhältnis zwischen dem Helden und der Gesellschaft nicht mehr so harmonisch geregelt ist wie noch im klassischen Western. Während der klassische Held der Gesellschaft in einer Notsituation zur Hilfe eilt, verläßt der „Rache-Held" anfänglich die

Gesellschaft, um Rache (z.B. für den Tod eines Verwandten) nehmen zu können. Jedoch überzeugt schließlich ein Vertreter der Gesellschaft (oft eine Frau) den Helden davon, seine Rache aufzugeben. „Moreover, the classical hero *enters* his fight because of the values of society, whereas the vengeance hero *abandons* his fight because of those same values" (Wright 1975, S. 59). Der Mythos entwickelt sich aber unweigerlich so, daß es zum Kampf mit den Bösewichten kommt und daß der Held sie besiegt. Als Beispiele für Rache-Western führt Wright z.B. DER BESESSENE (1961) von und mit Marlon Brando und NEVADA SMITH (1966) von Henry Hathaway an. Wright arbeitete folgende Funktionen heraus:

„1. The hero is or was a member of society.
 2. The villains do harm to the hero and to the society.
 3. The society is unable to punish the villains.
 4. The hero seeks vengeance.
 5. The hero goes outside of society.
 6. The hero is revealed to have a special ability.
 7. The society recognizes a difference between themselves and the hero; the hero is given special status.
 8. A representative of society asks the hero to give up his revenge.
 9. The hero gives up his revenge.
10. The hero fights the villains.
11. The hero defeats the villains.
12. The hero gives up his special status.
13. The hero enters society." (Wright 1975, S. 69)

Der Übergangswestern

Der Übergangswestern stellt beinahe eine komplette Umkehrung des klassischen Western dar. Der Held ist zu Beginn des Films Mitglied der Gesellschaft und am Ende ein Außenseiter. Er verfügt auch hier über herausragende Fähigkeiten, die ihm einen besonderen Status verleihen, aber die Gesellschaft benötigt seine Hilfe nicht:

„The society … is now firmly established and, because of its size, stronger than the heroes or the villains. Rather than being forced into fighting against the villains for the society, the hero is forced to fight against society, which is virtually identified with the villains of the classical story." (Wright 1975, S. 75)

Die entscheidende Veränderung betrifft die Kodierung der Gesellschaft. Sie ist nicht mehr Sitz der Moral, sondern Ort des Bösen. Die

Verbrecher stellen nicht mehr die von außen kommende Bedrohung für eine an sich intakte Gesellschaft dar, sondern die ganze Gesellschaft ist korrupt geworden, so z.B. in HIGH NOON. Die eigentlichen Gegner von Sheriff Kane (Gary Cooper) sind nicht die vier Banditen, die sein Leben und die Sicherheit der Stadt bedrohen, sondern die feigen Bürger, die ihm nicht zur Hilfe kommen. Da Wright für diesen Typ nur drei Filme gefunden hat und er lediglich eine Vorstufe des *Profi-Plots* ist, verzichtet er auf die genaue Identifizierung einzelner Funktionen.

Der Profi-Plot

Zunächst gibt es einige Parallelen zum klassischen Western. Die Helden sind ebenfalls außerhalb der Gesellschaft stehende Revolverhelden mit außergewöhnlichen Fähigkeiten. Auch sie bekämpfen Bösewichte, die Teile der Gesellschaft bedrohen. Jedoch sind die Helden jetzt professionelle Kämpfer, die einen bezahlten Job erfüllen oder aus Lust am Kämpfen tätig sind. Da sie Profis sind, hängt ihre Motivation nicht mehr vom Glauben an Gesetz und Gerechtigkeit ab.

„The members of society are not unfair and cruel, as in the transition theme; in the professional plot they are simply irrelevant. The social values of love, marriage, family, peace, and business are things to be avoided, not goals to be won." (Wright 1975, S. 86)

Auch die Unterschiede zwischen der Gesellschaft, den Helden und den Bösewichten sind gering und nicht an äußeren Kriterien ablesbar. Im Gegensatz zum klassischen Western finden die Helden in dieser Variante am Ende oft den Tod. Beispiele hierfür sind THE WILD BUNCH (1969) oder BUTCH CASSIDY AND THE SUNDANCE KID (1970). Wright definiert für diesen Typ folgende Funktionen:

„1. The heroes are professionals.
 2. The heroes undertake a job.
 3. The villains are very strong.
 4. The society is ineffective, incapable of defending itself.
 5. The job involves the heroes in a fight.
 6. The heroes all have special abilities and a special status.
 7. The heroes form a group for the job.
 8. The heroes as a group share respect, affection and loyalty.
 9. The heroes as a group are independent of society.
 10. The heroes fight the villains.
 11. The heroes defeat the villains.
 12. The heroes stay (or die) together." (Wright 1975, S. 113)

Bei der Zuordnung der Hauptfiguren zu den vier Oppositionspaaren hat sich im Vergleich zum klassischen Western einiges verändert:

Held	Gesellschaft
außerhalb der Gesellschaft	innerhalb der Gesellschaft
Wildnis	Zivilisation
Stark	Schwach
Gut	Böse

Anschließend versucht Wright in einem zweiten Schritt, diese rein deskriptive Analyse der narrativen Struktur von Western in Verbindung zur gesellschaftlichen und historischen Entwicklung in Amerika zu setzen:

„It is necessary to explore more deeply the structural relationship between narrative as a form of communication and social action. In what way is narrative, particularly in a myth, not just a story of fictional characters but an explanation of society itself?" (Wright 1975, S. 123)

Er kommt zu dem Ergebnis, daß der klassische Western mit einer individualistischen Konzeption der Gesellschaft korrespondiert, die auf der Ökonomie des Marktes, auf dem Konkurrenzkapitalismus beruht. Daher sind die Helden extrem individualistisch und müssen erst in Einklang mit den Werten der Gesellschaft gebracht werden, bis sie für diese eintreten. Die „Rache-Variation" spiegelt Veränderungen in der Marktökonomie wieder, die sich im Übergangswestern verdichten. Schließlich ist der „Profi-Plot" der Mythos für eine monopolkapitalistische Gesellschaft. Während die Gesellschaft als selbstgerecht und korrupt gezeichnet wird, schließt sich der Held, der sich von der Gesellschaft durch seine besonderen Fähigkeiten unterscheidet, einer Gruppe professioneller Kämpfer an, die ihren Job für Geld verrichten. In dieser Gruppe findet er Respekt, Loyalität und Freundschaft. Dieser Konflikt zwischen der Gesellschaft und Elitegruppen findet sich nach Wright in der amerikanischen Gesellschaft der 60er und 70er Jahre wieder.

„We might finally note a few of the many groups in modern America that have accepted this idea of themselves: academics, doctors, executives, scientists, hippies etc. […] This is perhaps one of the most significant consequences of the emergence of capitalist technology as a social and ideological force." (Wright 1975, S. 184)

Wright parallelisiert also die Veränderungen in der Gesellschaft mit den Veränderungen in der narrativen Struktur der Western. Dieser offeriert ein je unterschiedliches mythisches Handlungsmodell, in dem sozial typisierte Figuren stellvertretend für die Rezipienten miteinander agieren. „The receivers of the myth learn how to act by recognizing their own situation in it and observing how it is resolved" (Wright 1975, S. 186). Am Ende sind für Wright die Westernmythen die Ideologien, mittels derer die verschiedenen wirtschaftlichen Phasen des amerikanischen Kapitalismus legitimiert werden.

An dieser Stelle wird eine Schwäche dieser ideologiekritischen Argumentation deutlich. Da Wright umstandslos die analysierten Westernmythen mit dem „Massenbewußtsein" gleichsetzt, blendet er die Frage der Rezeption aus. Selbst wenn die Western eine ideologische Struktur haben, läßt sich aus ihrer Popularität nicht ableiten, daß sie für die Rezipienten die Funktion einer Ideologie übernehmen. Die Mythen schriftloser Völker, die Lévi-Strauss untersucht hat, lassen sich als Ausdruck eines relativ monolithischen Bewußtseins interpretieren. Die der Westernfilme aber haben diese Verbindlichkeit nicht, sie konkurrieren in der heutigen Mediengesellschaft mit einer Vielzahl von Mythen, die nicht nur aus dem Bereich des Films stammen, um Anerkennung. In einer heterogenen Kultur machen deshalb Interpretationen von erfolgreichen Filmgenres als Manifestationen einer herrschenden repressiven Massenkultur keinen Sinn. Vielmehr blenden sie sogar die entscheidende Frage aus: Wie *nehmen* die Rezipienten Filme *wahr* und welche *Bedeutung* gewinnen diese für sie?

Monsters and Mad Scientists. Die Studie von Andrew Tudor

Andrew Tudor hat mit seiner Studie „Monsters and mad scientists. A cultural history of the horror movie" (1989) einen ersten wichtigen Beitrag zur soziologischen Analyse eines Filmgenres vorgelegt, die der Vielfalt möglicher Interpretationen auf der Basis von Filmanalysen gerecht wird. Anders als für Wright ist ein Filmgenre für ihn kein mehr oder minder feststehendes Mythenrepertoire, sondern eine *soziale Konstruktion,* die in den Filmen und in den Vorstellungen der Rezipienten verankert ist. Wenn man die Entwicklung eines Genres verstehen will, genügt es deshalb nicht, die einzelnen Filme zu analysieren und zu klassifizieren, sondern man muß die *potentiellen Lesarten* der Filme herausarbeiten, die sie zu historisch je verschiedenen kulturellen Objekten machen. „A genre is flexible, open to variable understandings by different users at different times in different contexts" (Tudor 1989, S. 6). Erst im Akt der Rezeption wird ein Film als ein kulturelles Objekt mit einer je besonderen Bedeutung konstituiert.

Um der Pluralität möglicher Interpretationen auf seiten des Publikums gerecht werden zu können, vermeidet Tudor in seiner Kulturgeschichte des Horrorfilms Analysemethoden, die er für reduktionistisch hält. Insbesondere psychoanalytische Interpretationen des Horrorfilms als einer kollektiven Traumwelt oder als Wiederkehr des Verdrängten lehnt er als zu wenig komplex und zu esoterisch für eine soziologische Untersuchung ab, die die Interpretationsstrategien der Rezipienten selbst offenlegen will. Zudem wird im psychoanalytischen Ansatz der aktive Beitrag der Zuschauer in der Konstruktion und Aufrechterhaltung von Genrebedeutungen unterbelichtet.

Für die Konzeptualisierung eines *aktiven Publikums* knüpft Tudor an die Theorie der Strukturierung von Anthony Giddens (Giddens 1988) an. In seinem Versuch, ein nicht reduktionistisches Modell für das Verhältnis von sozialer Handlung und sozialer Struktur zu entwickeln, unterscheidet Giddens zwischen drei Ebenen, auf denen das menschliche Handeln begriffen werden kann. Neben der Ebene der *unbewußten Motivation* gibt es das *diskursive Bewußtsein* (das, was die Akteure über soziale Zusammenhänge verbal ausdrücken können) und das *praktische Bewußtsein,* das Wissen der Akteure über soziale Zusammenhänge, das nicht der Verdrängung unterliegt, aber in der Regel nicht in diskursiver Weise artikuliert wird.

Innerhalb dieses allgemeinen Schemas sind zunächst verschiedene Ansätze vorstellbar, mit denen die Rezeption von Filmen – das Verhältnis von *Publikum, Texten und Lesarten* – untersucht werden kann.

Die Untersuchung unbewußter Prozesse würde sich mit Aspekten beschäftigen, die den Rezipienten selbst nicht bewußt sind: die des diskursiven Bewußtseins mit dem, was die Rezipienten selbst über die Horrorfilme, die Merkmale und Konventionen des Genres, explizit sagen. Da für Tudor psychoanalytische Interpretationen reduktionistisch sind und auch nicht mehr bestimmt werden kann, was Horrorfans in der Vergangenheit von den Filmen gehalten haben, hält er für sein Vorhaben einer Geschichte des Genres die Betrachtung der Ebene des praktischen Bewußtseins, des pragmatischen Verständnisses eines Genres, für die geeignetste. „In effect, to study practical consciousness is to consider the audience's implicit conception of the ‚language' of the genre" (Tudor 1989, S. 4). Gerade die nicht schwer eruierbaren und vertrauten Merkmale eines Genres sind für das Verständnis seiner Bedeutung wesentlich. Für das Horrorgenre im besonderen gilt: „In their prosaic characteristics, first of all, and in the assembly of conventions that we grasp as part of our practical consciousness, they contribute to the shaping of our ‚landscapes of fear' " (Tudor 1989, S. 5).

Der Horrorfilm als Teil der Populärkultur trägt in einem nicht zu unterschätzenden Maße zur sozialen Konstruktion der Angst in unserer Gesellschaft bei. Im *praktischen Bewußtsein* der Rezipienten, die seine „Sprache" beherrschen, existiert das Genre als ein Set von Konventionen, die sich auf die Erzählung, das Setting, die Ikonographie usw. beziehen.

Die Studie von Tudor konzentriert sich nicht ausschließlich auf die kommerziell erfolgreichen Filme wie die von Wright, sondern sie basiert auf der sorgfältigen Analyse von insgesamt 990 Filmen, die zwischen 1931 und 1984 in Großbritannien gezeigt wurden. Nicht alle sind reine Horrorfilme, bei etwa 20% gibt es Überschneidungen mit den Genres des Thrillers und des Science Fiction.

Da die Analyse eine Rekonstruktion des Genres von der Perspektive der Rezipienten her sein soll, zentriert Tudor sie um das für alle Horrorfilme charakteristische Merkmal der Bedrohung. Um deren verschiedene Formen erfassen zu können, wendet er ein Set von Kategorien an, die jedoch keine Tiefenstruktur im Sinne des Strukturalismus begründen, sondern sich aus der *phänomenologischen Analyse* des Genres ergeben und denen, so die Annahme, auch die Rezipienten zustimmen würden: übernatürlich/weltlich, extern/intern, autonom/abhängig. Das Ergebnis zeigt Abb. 3 (s. S. 54).

Mittels der so gewonnenen acht Kategorien zur Klassifizierung der Bedrohung in Horrorfilmen untersucht er anschließend die narrative Struktur von Horrorfilmen und deren historische Veränderungen.

Alle Horrorfilme sind Variationen des klassischen „Suche und Zerstöre"-Musters (Tudor 1989, S. 81). Dieses läßt sich folgendermaßen beschreiben: Ein Monster verwandelt eine stabile Situation in ihr Gegenteil. Man bekämpft es, das Monster setzt sich heftig zur Wehr. Schließlich wird es vernichtet und die Ordnung wieder hergestellt. In den sechziger Jahren ergaben sich jedoch entscheidende Veränderungen (Tudor 1989, S. 102ff.). Während in den Horrorfilmen vor 1960 die Bedrohung am häufigsten von der Wissenschaft ausging (z.B. in den Frankenstein-Filmen), so dominiert seit PSYCHO (1960) und PEEPING TOM (1960) der Psychopath. Ein noch wesentlicherer Wandel hat sich in der Erzählstruktur ergeben. Die Zerstörung der Bedrohung und die Herstellung von Stabilität ist nicht mehr die Regel. Die geschlossene Welt des *„secure horror"* hat sich in die offene des *„paranoid horror"* verwandelt.

In der Welt der Horrorfilme vor den sechziger Jahren ist die Bedrohung durch „Experten"/Helden erklärbar, und deren Interventionen sind erfolgreich. Der Horror ist mehr oder minder beherrschbar,

	Supernatural		Secular	
	Dependent	*Autonomous*	*Dependent*	*Autonomous*
External	magic witchcraft etc.	classic vampires the mummy	medical monsters eco-nasties	space invaders Kong
Internal	magic zombies possession	some werewolves spirits	some explained psychotics	some parasites disease

Abb. 3: Die verschiedenen Formen der Bedrohung in Horrorfilmen

die Normalität läßt sich nach einigen Anstrengungen wieder herstellen. Die Filme sind durch eine geschlossene Erzählform, eine „closed knowledge narrative", gekennzeichnet. Dagegen ist die Welt des *„paranoid horror"* viel unsicherer und gefährlicher:

„Here, both the nature and course of the threat are out of human control, and in extreme metamorphosis cases, disorder often emerges from *within* humans to potentially disrupt the whole ordered world. Expertise is no longer effective; indeed, experts and representatives of institutional order are often impotent in the face of impending apocalypse. Threats emerge without warning from the disordered psyche or from disease, possessing us and destroying our very humanity." (Tudor 1989, S. 103)

Während in dem von Tudor konstruierten Idealtyp des *„secure horror"* die vorkommenden Differenzen Leben und Tod, das Weltliche und das Übernatürliche, das Normale und das Pathologische, das Menschliche und das Fremde deutlich voneinander unterschieden sind, werden die Grenzen in der Welt des *„paranoid horror"* durchbrochen. Zudem beziehen sich die Differenzen, die diese Welt konstituieren, im wesentlichen auf die Psyche. Die eigentliche Bedrohung kommt von innen und nicht mehr von außen. So führt Tudor (1989, S. 215) die Oppositionen zwischen dem bewußten und dem unbewußten Selbst, zwischen normaler und perverser Sexualität, zwischen Gesundheit und Wahnsinn, zwischen kollektiver Ordnung und Unordnung und zwischen Gesundheit und Krankheit an. Die Ordnung wird nur selten wieder hergestellt, da die menschlichen Interventionen erfolglos bleiben. Die Filme haben zudem ein offenes Ende. Tudor bezeichnet die Erzählstruktur des *„paranoid horror"* als eine „open metamorphosis narrative" (Tudor 1989, S. 216). Jeder kann sich in ein

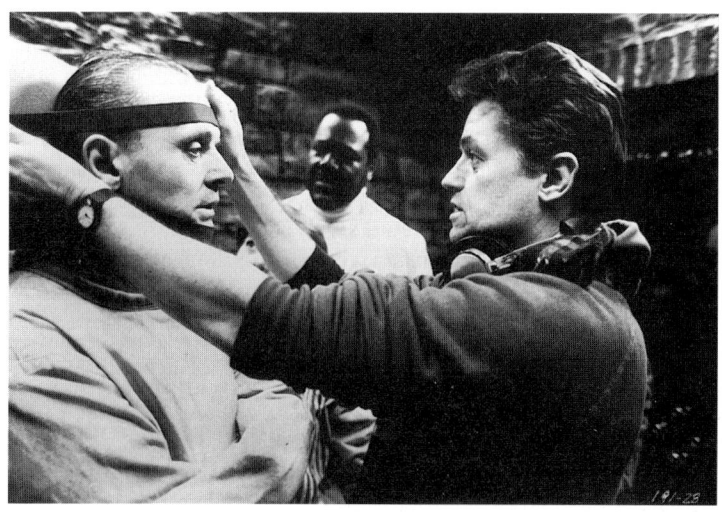

Monster verwandeln, was chaotische Verhältnisse schafft. Die Filme
enden oft kurz vor der totalen Zerstörung der menschlichen Ordnung,
so z.B. in DIE NACHT DER LEBENDEN TOTEN (1968) oder in ZOMBIE
(1979). Die Hauptfigur des heutigen Horrorfilms ist der Psychopath,
der sich oft ohne Vorwarnung in einen Killer verwandelt. Dr. Hanni-
bal Lecter (Anthony Hopkins) in DAS SCHWEIGEN DER LÄMMER
(1991) ist hierfür ein besonders eindrucksvolles Beispiel.

Der Übergang von der Welt des *„secure horror"* zur Welt des *„paranoid horror"* hat sich nicht plötzlich oder dramatisch ereignet, sondern vollzog sich allmählich zwischen Ende der fünfziger und Anfang
der siebziger Jahre. Für diese Übergangsperiode ist es deshalb auch
schwierig, gemeinsame Merkmale der Horrorfilme zu bestimmen.

Wie läßt sich diese Transformation nun erklären? Da für Tudor ein
Filmgenre nicht nur von den Texten, sondern auch von den Konstruk-
tionen und Vorstellungen der Rezipienten abhängig ist, stellt er die
Frage, in welcher Alltagswelt der *„secure horror"* und der *„paranoid
horror"* Sinn machen. Er kommt zu dem Schluß, daß der erstere in einer Welt seinen Platz hat, die sich ihrer eigenen Kraft und der Fähigkeit, potentielle Bedrohungen zu überwinden, sicher ist. In ihr sind die
traditionellen Werte (von Familie, Moral, Wissenschaft etc.) noch in-
takt.

„An essentially hierarchical social order; unquestioning allegiance to the cen-
tral significance of the traditional family unit; a role division which margina-
lizes women; a restrictive view of ‚proper‘ sexuality especially as that applies
to women; a conception of social deviance as primarily a redeemable individual failing; a broad anti-intellectual stance; and a general commitment to the
legitimacy of established state authorities." (Tudor 1989, S. 220f.)

Die *„secure horror"*-Filme sind so Teil einer festgefügten sozialen
und kulturellen Ordnung. In der Welt des *„paranoid horror"* dagegen
werden die Werte und Institutionen dieser Ordnung in Frage gestellt
und unterwandert. Es gibt keine soziale und moralische Ordnung
mehr, die es wert ist, verteidigt zu werden bzw. die man überhaupt zu
verteidigen imstande ist.

„In these and other respects, paranoid horror suggests widespread confusion.
It is as if we have been cast loose in a world for which we no longer have any
reliable maps, in which once-clear landmarks are not what they seem, and in
which we know we must seek new shelter or perish." (Tudor 1989, S. 222)

Der *„paranoid horror"* gewinnt in einer Welt Sinn, die einem noch
nicht abgeschlossenen gesellschaftlichen Wandel unterworfen ist. Da-

her stellt Tudor am Ende seines Buches Bezüge zur Diskussion um die Postmoderne her, ein Zusammenhang, den wir bei der Diskussion des Gegenwartsfilms wieder aufnehmen werden.

Es ist deutlich geworden, daß in der soziologischen Genreforschung der Zuschauer nicht als passiver Konsument betrachtet wird, sondern als aktiver *Mitproduzent*. Im nächsten Kapitel werden wir die emotionale Seite dieses Prozesses näher untersuchen, indem wir das *Filmerleben* genauer betrachten.

Kapitel 4

Der Film als Erlebnis

Wenn man die große Faszination, die Filme auslösen können, verstehen will, muß man die Charakteristik des Filmerlebnisses genauer betrachten. Nach Jarvie (1974) spielt es nicht nur für die Bedeutung des Mediums als solches eine zentrale Rolle, sondern auch für die Soziologie des Films. „Produzenten produzieren, das Publikum findet sich ein, Kritiker fällen ihr Urteil, und das alles aufgrund der Konfrontation des Menschen mit einer von bewegten Bildern erfüllten rechteckigen Leinwand" (Jarvie 1974, S. 119f.).

Freilich ist es ein Unterschied, ob man einen Spielfilm im Kino oder im Fernsehen ansieht. So verändern sich bei der Übertragung auf den Bildschirm neben dem Format auch die Konturenschärfe, die Brillanz und die Farbreinheit beträchtlich. Zu jedem Medium gehören außerdem verschiedene Aktivitäten. Während das Fernsehen ein Familienmedium ist und zur Verhäuslichung beiträgt, stellt der Kinobesuch ein soziales Ereignis dar. Man verläßt das Haus, betritt einen öffentlichen und anonymen Raum. Zudem kann er eine sozial integrierende Funktion haben, wenn man z.B. in der Gruppe ins Kino geht und anschließend über den Film diskutiert. Wer je in einem überfüllten Kino einen Zombiefilm gesehen hat, weiß, was für ein Zusammengehörigkeitsgefühl unter den Zuschauern die Bedrohung durch die Zombies und vor allem der Kampf gegen sie auslösen kann.

Die Unterschiede zwischen Kino und Fernsehen kulminieren in der Art des Filmerlebnisses. Im folgenden werden wir in erster Linie die Kinoerfahrung *idealtypisch* beschreiben. Die Rezeption von Spielfilmen im Fernsehen (bzw. auf Video) kann sich deren Intensität annähern, sie aber aus verschiedenen Gründen nicht erreichen.

Der Wirklichkeitseindruck

Die Faszination des Films hängt eng mit seiner Fähigkeit zusammen, mehr als jedes andere Medium den Eindruck einer Ähnlichkeit mit der Wirklichkeit erzeugen zu können. Diese mimetische Qualität ist Folge seines *Signifikationsmodus*. Anders als Schrift oder Druck verlangt der Film keine mühsam erworbenen Kompetenzen, die ihn erst zu einem Bereich der Wirklichkeitserfahrung machen. Gleich der Welt des Imaginären oder des Traumes ist die Welt des Films eine leicht zugängliche und ähnlich strukturierte Form der Erfahrung, die sich vor allem im Kino innerhalb raumzeitlicher Klammern abspielt. Der Zuschauer erfährt während der Zeit im Kinosessel nicht die Wirklichkeit, sondern er wird vielmehr von einem *Wirklichkeitseindruck* (Bazin 1975) gefangen genommen. Obwohl er es nur mit Bildern zu tun hat, reagiert er auf sie, als ob sie mehr als das wären. Es kommt zu einer *Entdifferenzierung* zwischen der Wirklichkeit und der Welt der Fiktion, die durch ihre große Ähnlichkeit mit der ersteren deren Platz einnimmt. Die Repräsentation (von Wirklichkeit) wird zur Wahrnehmung.

„Der Film löst beim Zuschauer einen Prozeß der ,Partizipation' aus, der in gleicher Weise die Wahrnehmung und die Gefühle betrifft (man langweilt sich fast nie im Kino); der Film trifft von vornherein auf eine bestimmte Form von Illusionsbereitschaft […]; der Film versteht es, sich an uns zu wenden mit dem Ton der Evidenz und mit der überzeugenden Art des ,es ist so' … ." (Metz 1974, S. 21f.)

Der starke Wirklichkeitseindruck beim Zuschauer wird in erster Linie durch die Bewegung hervorgerufen. Die potentielle Irrealität des Bildes wird durch die Realität der Bewegung kompensiert. Gegenstände und Personen werden zwar im Film nur abgebildet, „doch die Bewegung, durch die sie belebt werden, ist kein Abbild der Bewegung, sie erscheint wirklich" (Metz 1974, S. 27). Die Bilder bewegen sich selbst.

Der Film macht jedoch nicht nur einen Strom sich bewegender Bilder sichtbar, sondern das Sehen selbst: „ … die Struktur und den Prozeß subjektiven Sehens durch einen Körper – wie es zuvor nur jedem Menschen in für andere nicht zugänglicher Weise als ,seine eigene' Erfahrung gegeben war" (Sobchack 1988, S. 422). So erzeugt der Film im Kino durch die Bewegung der Kamera und durch den Schnitt einen Eindruck existentieller Gegenwärtigkeit. Während Fotos immer auf Vergangenheit verweisen, thematisiert der Film die Dauer und verbindet durch technische Mittel wie doppelte Belichtung, Montage oder Überblendung die Gegenwart mit Vergangenheit und Zukunft. Trotzdem ist die Wirklichkeit, die die Filmbilder zum Leben erwecken, immer abwesend, „präsent" ist sie nur in unseren Imaginationen. Wegen der Entdifferenzierung von Imaginärem und Realem ist das Filmbild für Metz daher ein *imaginärer Signifikant* (Metz 1977). Die Konzentration auf die Phantasie und die Einbildungskraft wird jedoch erst durch den Kino-Rahmen (Goffman 1977) auf den Weg gebracht.

Der Kino-Rahmen

Der verdunkelte Raum, die Isolation des einzelnen in einer anonymen
Masse, die meist nicht mehr gemeinsam hat als das Interesse für den
Film, und (zumindest früher) die quasi-religiöse Dimension des Erle-
bens in den großen Filmpalästen, den „Kathedralen des Lichts", bringen den Zuschauer in einen prä-hypnotischen Zustand.

„Im Sinne einer echten Metonymie wird das Nachtschwarz des Kinos präfi-
guriert von der ‚dämmernden Träumerei' (nach dem Wort von Breuer und
Freud der Hypnose vorgeordnet), die diesem Schwarz voraufgeht und von
Straße zu Straße, von Plakat zu Plakat das Subjekt dahin führt, sich schließlich abgrundtief zu versenken in einen dunklen, anonymen, indifferenten Ku-
bus, wo dies Fest der Affekte stattfindet, das Film heißt." (Barthes 1980,
S. 290)

Seine in sich gekehrte Verfassung macht den Zuschauer in besonde-
rem Maße empfänglich für die Ereignisse auf der Leinwand. Metz
spricht in diesem Zusammenhang von einer *Hyperrezeptivität* (Metz
1974). Im Kino-Rahmen werden stärker als z.B. im Theater die in unserer Kultur dominierenden Sinneswahrnehmungen des Sehens und
des Zuhörens intensiviert. Auf diese Weise erzeugen Kinofilme eine
große emotionale Intensität beim Zuschauer. Dies gilt insbesondere
für Tonfilme, die analog der alltäglichen Erfahrung die Gleichzeitig-
keit von Sinneswahrnehmungen möglich machen. Auge und Ohr registrieren visuelle, verbale und musikalische Formelemente. Für
McLuhan ist das Kino deswegen ein „heißes Medium" (McLuhan
1968, S. 310ff.). Im Kino führt die Konzentration zu einem Starren,
während die Fernsehrezeption im allgemeinen durch einen flüchtigen
Blick gekennzeichnet ist (vgl. Ellis 1982, S. 50; Winter und Eckert
1990, S. 73, 88). Es sei denn, man schaut Spielfilme an. Vor allem
Filmfans versuchen im Fernseh-Rahmen Kinobedingungen zu simu-
lieren, nicht nur durch gesteigerte Konzentration, sondern auch durch
Verdunkelung des Zimmers und ein Redeverbot.

Der Identifikationsprozeß

Während des Filmerlebnisses kann es zu vielfältigen Identifikations-
prozessen kommen, die komplexer sind, als man gewöhnlich annimmt. Wenn man der psychoanalytisch orientierten Filmwissenschaft folgt, ist der Ausgangspunkt die Inszenierung des Blicks durch
den Film (vgl. Baudry 1975; Metz 1977).

In einem *ersten Schritt* identifiziert sich der Zuschauer mit sich selbst als reinem Wahrnehmungsakt. Anschließend produziert der filmische Diskurs sekundäre Identifikationen, indem er den Zuschauerblick durch den Kamera-Blick steuert. Auf diese Weise wird dem Zuschauer eine „Subjektposition" zugeordnet. Welche Qualität dieser Prozeß erreichen kann, machte bereits einer der berühmtesten Filme von Lumière, L'ARRIVÉE D'UN TRAIN (1896), deutlich. Die Lokomotive raste vom Hintergrund der Bildwand her auf die Zuschauer zu, die erschreckt ihre Plätze verlieben, weil sie fürchteten, überfahren zu werden (vgl. Sadoul 1982, S. 27). Sie identifizierten ihr eigenes Sehen mit der Kamera und glaubten, sie befänden sich am Bahnhof.

Insbesondere die *subjektive Kamera* – das Zeigen einer Serie von Bildern vom Gesichtspunkt einer Filmfigur aus – regt zur Identifikation an. Wir müssen uns mit ihrem Kamera-Blick bzw. mit dem Projektionsapparat, der während der Aufführung die abwesende Kamera vertritt, identifizieren, wenn wir einen Film verstehen wollen. Deshalb kommt es zu einer Entdifferenzierung von Film und Wahrnehmung, zu einer Konfusion von Augen, Kamera und Projektionsapparat. Psychoanalytisch betrachtet ist die Folge eine Regression in einen Zustand halluzinatorischer Wunscherfüllung. Der Zuschauer glaubt alles, was er sieht, auch beherrschen zu können.

Diesen Zusammenhang hat Laura Mulvey (1980) für das klassische Hollywoodkino herausgearbeitet. Sie hat gezeigt, daß in der Regel der Protagonist, um den die Handlung strukturiert ist, der Träger des Blickes des Zuschauers ist.

„Dadurch, daß sich der Zuschauer mit dem männlichen Protagonisten identifiziert, heftet er seinen Blick auf seinen Stellvertreter auf der Leinwand, so daß die Macht des Protagonisten, der das Geschehen kontrolliert, mit der aktiven Macht des erotischen Blicks zusammenfällt – das Ergebnis ist ein Omnipotenz-Gefühl." (Mulvey 1980, S. 38)

Der männliche Filmstar repräsentiert, psychoanalytisch gesehen, das Ideal-Ich des Zuschauers. Dieses wurde zum ersten Mal im Spiegelstadium, einer frühen Erlebnisstufe des Kleinkindes, als perfektes, mächtiges und starkes Ich erlebt. Es war der französische Psychoanalytiker Jaques Lacan (1975, S. 61ff.), der gezeigt hat, daß das Kleinkind die erste Vorstellung von seinem Selbst als einer Einheit, die Vorstufe des Identitätsgefühls, durch ein Spiegelbild (bzw. durch den Blick seiner Bezugspersonen) vermittelt bekommt. Ein Bild (Imago) wird somit zur Grundlage der Subjektkonstitution, die vom Kind, da sie einen Ausweg aus Abhängigkeit und Ohnmacht bietet, jubilatorisch zur Kenntnis genommen wird. „Man kann das Spiegelstadium als eine Identifikation verstehen im vollen Sinne, den die Psychoanalyse diesem Terminus gibt: als eine beim Subjekt durch die Aufnahme eines Bildes ausgelöste Verwandlung" (Lacan 1975, S. 64).

Nach Metz (1977) basiert die Faszination von Filmen in mannigfacher Weise auf diesen frühen lustvollen Erfahrungen. Wie das Kind, das allein auf den Blick gestützt seine Identität sucht, ist auch der Kinozuschauer ganz Auge. Er klebt am Spiegel der Leinwand, dem imaginären Anderen. Deshalb sind, wie Barthes (1980, S. 292) bemerkt hat, die wahren Cinephilen die Zuschauer, die sich in die erste Reihe setzen. Dort gerät man am heftigsten in den von der Kamera gelenkten Bilderrausch.

„Dieser Rausch aber geht von einem nur imaginierten Raum aus, der auf der Leinwand vorgetäuscht ist. Im Sinne Lacans stellt dieser imaginierte Raum der Leinwand zugleich einen imaginären dar, den Spiegel, in welchem das Subjekt sich narzißtisch mit seinem Ich identifiziert." (Lehmann 1983, S. 581)

Das Kinoerlebnis wäre damit eine Aktivierung dieser vorsprachlichen Erfahrung. Allerdings unterscheidet sich die Leinwand auch von einem Spiegel. Man kann sich nämlich nicht selbst spiegeln, aber dafür – außer sich selbst – alles sehen. So gerät der Zuschauer in die Position eines Voyeurs. Er beobachtet ein Geschehen und wird selbst nicht beobachtet, wobei der Kontrast zwischen der Schwärze des Zuschauerraums und der Helligkeit der Leinwand die voyeuristisch-erotische Atmosphäre verstärken.

„Die meisten gängigen Kinofilme jedoch und die Konventionen, innerhalb derer sie sich herausbildeten, präsentieren eine hermetisch abgeschlossene Welt, die sich magisch entrollt, ohne die Anwesenheit der Zuschauer zu beachten, woraus für diese das Gefühl von Trennung und Abtrennung entsteht, während gleichzeitig mit ihren voyeuristischen Phantasien gespielt wird." (Mulvey 1980, S. 34)

Hitchcock hat in FENSTER ZUM HOF (1954) den voyeuristischen Prozeß präzise analysiert. Wie das Publikum auf die Leinwand blickt, so schaut Jeffries (James Stewart), ein Fotograf, der durch einen Beinbruch an seine Wohnung gefesselt ist, aus einem Fenster in den Hof und auf das gegenüberliegende Haus, wobei die verschiedenen Personen in ihren Wohnungen sein besonderes Interesse erwecken. Was er beobachtet, erweckt in ihm den Verdacht, daß ein Mann von gegenüber seine Frau ermordet hat. Im zweiten Teil des Films versucht Jeffries zusammen mit seiner Freundin Lisa (Grace Kelly), diesen Verdacht zu bestätigen. Schließlich entwickelt sich ein Kampf auf Leben und Tod.

Da der Film bis auf zwei Einstellungen aus Jeffries Sicht aufgenommen ist, legt er die Identifikation mit dessen Voyeurismus nahe. Eine Folge von Jeffries voyeuristischer Leidenschaft ist auch, daß Lisa, der gegenüber sein erotisches Interesse erlahmt war, für ihn wieder zum interessanten Objekt wird, als er sie durch das Fernglas im Haus gegenüber beobachtet. Das Bild vervollständigt sich, weil im Film Jeffries Voyeurismus durch seinen Beruf als Fotoreporter, Lisas Exhibitionismus bereits durch ihr großes Interesse für Mode und Kleidung deutlich gemacht wurden. „Das Publikum wird in eine voyeuristische Lage im Kontext der Ereignisse auf der Leinwand und der Diegese [die Summe seiner Denotation] versetzt und davon absorbiert, wobei sich dieser Vorgang im Film selbst parodiert" (Mulvey 1980, S. 42). Daher ist FENSTER ZUM HOF auch eine Metapher für das Kino an sich.

Mulvey spricht im Anschluß an Freuds „Drei Abhandlungen zur Sexualtheorie" (1905) auch von Skopophilie, der Lust, eine andere Person durch Anschauen als Objekt sexueller Stimulation zu benutzen. Im klassischen Hollywoodkino ist vor allem die Frau Objekt des subjektiven Kamera-Blicks und damit des Zuschauers. So wird z.B. zu Beginn des Films TO HAVE AND HAVE NOT (1942) Lauren Bacall „zur Schau gestellt"; vor allem für den Film Noir ist diese Inszenierung der Frau typisch (vgl. Kaplan 1978).

Psychoanalytisch gesehen kann der Voyeurismus aber auch mit dem fetischistischen Wunsch verbunden sein, die Trennung vom beobachteten Objekt aufzuheben. „The fetishistic gaze is captivated by what it sees, does not wish to enquire further, to see more, to find out. […] The fetishistic look has much to do with display and the spectacular" (Ellis 1982, S. 47). Die weibliche Figur, auf die der Kamera-Blick gerichtet ist, repräsentiert nämlich auch die Abwesenheit des Phallus und somit die mit Unbehagen erlebte Kastrationsdrohung. Um diesen unbewußten Ängsten zu entkommen, wird sie in ein Fetischobjekt verwandelt (Mulvey 1980, S. 40). Ein gutes Beispiel hierfür sind die Filme von Sternberg mit Marlene Dietrich. Deren Gestalt wird von Sternberg als perfekte und makellose Schönheit inszeniert, während er die eigentliche Handlung an Bedeutung verlieren läßt. So kann die Darstellung eines Körpers bzw. eines „fragmentierten" Körpers – das Zeigen von Körperteilen (die Beine der Dietrich, das Gesicht der Garbo, die Muskeln von Schwarzenegger) – zu einem Spektakel werden, das die Filmerzählung unterbricht. Freilich, werden auch Männer zum

Objekt fetischistischen Betrachtens. Man denke an John Travolta in SATURDAY NIGHT FEVER (1977) oder an Richard Gere in EIN MANN FÜR GEWISSE STUNDEN (1979).

Den gleichen unbewußten Ursprung kann das Vergnügen an „special effects", an der Darstellung von Gegenständen und von Landschaften haben. Das Filmerlebnis entsteht so in der Spannung zwischen Voyeurismus und Fetischismus. Barthes (1980) hat die daraus erwachsende Faszination folgendermaßen beschrieben:

„[Es ist], als ob ich zwei Körper zugleich hätte: einen narzißtischen Körper, der schaut, im nahen Spiegel verloren, und einen perversen Körper, der darauf lauert, zu fetischisieren – nicht das Bild, sondern genau, was darüber hinausgeht: das Korn des Tons, den Saal, das Schwarz, die obskure Masse der anderen Körper, die Lichtstrahlen, den Eingang, den Ausgang … ." (Barthes 1980, S. 293)

In der Distanz entsteht eine amouröse Beziehung, eine Lust am Text. Das Filmerlebnis ist aber trotzdem kein rein passives Aufnehmen. In der psychoanalytisch orientierten Filmwissenschaft wird in der Regel die Kraft der unbewußten Mechanismen überbewertet, und die aktiven Leistungen der Zuschauer werden gering eingeschätzt. Dagegen begreift Lehmann (1983), obgleich an Lacan und Metz orientiert, den Zuschauer als *Mitproduzenten:*

„Der Zuschauer ist vielmehr ‚all-sehend‘ (tout percevant) – einerseits nur-sehend, nicht gesehen; zum anderen als Ubiquität des Beobachters, die dem Zuschauer vor der Kamera geschenkt wird; dann als großes Auge/Ohr, bei dem die Fragmente (Schnitte, Überblendungen, Einstellungswechsel) erst zu einer Einheit synthetisiert werden: *Ich selber mache den Film!*" (Lehmann 1983, S. 582)

Dies ist die Voraussetzung für weitere Identifikationsprozesse, die nicht nur narzißtischen Charakters sind. Auch andere von der Psychoanalyse beschriebene seelische Zustände spielen eine Rolle. Denn im Kino wird durch das stille Sitzen im Dunkeln auch ein Zustand erzeugt, der viel mit Schlafen und Träumen gemeinsam hat. Es ist kein Zufall, daß viele Zuschauer bei für sie langweiligen Filmen einschlafen. Jedoch werden die „Traumbilder" im Kino nicht vom Unbewußten des Zuschauers erzeugt, sondern sie erscheinen auf der Leinwand. „Images and sounds are received in a state where the normal judging functions of the ego are suspended to some degree (near to sleep), so that what is seen is not subject to the usual expectations of plausibility that we apply to everyday life" (Ellis 1982, S. 40). Wir wundern uns deswegen nicht, wenn ein Mensch sich in einen Werwolf verwandelt oder wenn Superman fliegen kann.

Außerdem führt die Verwandtschaft des Kinoerlebnisses mit Traumaktivitäten sowie mit Tagträumen und Phantasien dazu, daß man sich nicht mehr als einheitliches Individuum erlebt. Rimbauds Motto „Ich ist ein anderer" ist ein wesentlicher Bestandteil des Kinoerlebnisses. Der Zuschauer erkennt sein Selbst nicht nur in der Hauptfigur wieder *(narzißtische Identifikation)*. Durch die Ausgestaltung seiner individuellen Phantasie *(Identifikation qua Phantasie)* identifiziert er sich auch mit den anderen Personen der Filmerzählung (Ellis 1982, S. 43ff.). Dies funktioniert natürlich nur dann, wenn die auf der Leinwand dargestellten öffentlichen Phantasien sich mit den persönlichen des Zuschauers vereinbaren lassen. Da er sich in einem traumähnlichen Zustand befindet, wird er seine unterschiedlichen Persönlichkeitsanteile auf den Helden, die Heldin, die Bösewichte, die aktiven und passiven Charaktere etc. verteilen. Er wird sich also nicht nur mit Dr. Jekyll identifizieren, sondern auch mit Mr. Hyde. Bei PRETTY WOMAN (1990) wird er sich sowohl in Richard Gere als auch in Julia Roberts wiederfinden. Der Identifikationsprozeß ist so vielfältig gebrochen.

Grenzen der psychoanalytischen Interpretation

Die psychoanalytische Interpretation des Kinoerlebnisses vermittelt interessante Einsichten in unbewußt ablaufende psychische Prozesse. Allerdings muß man unter soziologischen Gesichtspunkten die Gültigkeit und Reichweite dieser Interpretation erst prüfen.

Dagegen geht man in der gegenwärtig dominierenden Filmtheorie, der sogenannten „Screen-Theorie", die eine Synthese aus psychoanalytischen, semiotischen und marxistischen Elementen darstellt, umstandslos davon aus, daß der psychoanalytische Zugang das „Wesen" der Filmerfahrung erfaßt, ohne daß dies empirisch überprüft worden wäre. Die hergestellte Analogie des Kinoerlebnisses mit verschiedenen unbewußten Prozessen führt dazu, daß ihm die gleiche Macht über den Zuschauer beigemessen wird, wie sie das Spiegelstadium, der Tagtraum, Voyeurismus, Fetischismus etc. über die Psyche eines Menschen ausüben können. Dies führt zu der Auffassung, daß die Struktur eines Films dem Zuschauer eine „Subjektposition" zuweist und ihn auf diese Weise in seinem Erlebnis bestimmt. Deshalb wird der Zuschauer nach dieser Vorstellung, zu einer „Konstruktion des Textes" bzw. eine „Konstruktion im Text". So meint der britische Filmwissenschaftler Heath:

„What moves in film finally, is the spectator immobile in front of the screen. Film is the regulation of that movement, the individual as subject held in a shifting and placing of desire, energy, contradiction, in a perpetual retotalization of the imaginary (the set scene of image and subject). This is the investment of film in narrativization; and crucially for a coherent space, the unity of place and vision" (Heath 1981, S. 107).

Von der Blickdramaturgie der Kamera abhängig, werden dem im Kinosaal vom Geschehen auf der Leinwand faszinierten Publikum nur passive Qualitäten zugestanden. Unbewußten Prozessen ausgeliefert, übernehme der Zuschauer die Sichtweise des Films und damit auch die dem filmischen Text eingeschriebene „ideologische Position". Diese Position in der gegenwärtigen Filmwissenschaft, die auch in Deutschland ihre Anhänger hat, mutet jedoch aus verschiedenen Gründen selbst „ideologisch" und vor allem als empirisch nicht haltbar an (vgl. Carroll 1988).

    Zunächst läßt sich auf theoretischer Ebene die Analogie zwischen dem Film und unbewußten psychischen Prozessen aus verschiedenen Gründen kritisieren. So wird die Analogie des Films mit der Traumaktivität und einem Spiegel bereits durch die auditiven Aspekte des Films eingeschränkt. Der Film ist auch kein imaginäres, sondern ein symbolisches Medium. Daher läßt er sich nicht auf die Macht unbewußter Prozesse reduzieren:

„It is at the very least reductive to approach the film audience solely through the filter of the unconscious since a single system of signification is thus set aside from the many others which also contribute to the audience's experience of film." (Turner 1988, S. 118)

Nützlich für die Filmsoziologie ist die psychoanalytische Erklärung des Filmerlebnisses dann, wenn sie als Analyse eines *möglichen Erfahrungsmodus* begriffen und nicht Allgemeingültigkeit für sie beansprucht wird. So kann die Traum- oder Spiegelanalogie nur ein möglicher erklärender Hinweis, aber kein vorab feststehendes Ergebnis sein. Es ist eine empirische Frage, ob die Zuschauer sich in einem traumähnlichen Zustand befinden oder eine fetischistische Beziehung dem Film gegenüber einnehmen. Auch mag sich Metz in bestimmten Pariser Kinos, die vor allem von Cineasten besucht werden, wie ein Voyeur vorkommen, diese Rezeptionshaltung ist aber selbst für Paris nicht die Regel. So ist die Atmosphäre beim jährlich stattfindenden Festival des phantastischen Films im Palais de la Mutualité durch den Lärm im Zuschauersaal eher der auf einem Jahrmarkt vergleichbar (vgl. Vogelgesang und Winter 1990).

Selbst wenn wir davon ausgehen, daß die beschriebenen Identifikationsprozesse Teil jedes Kinoerlebnisses sind, heißt das nicht, daß sich
dieses darin erschöpft. Außerdem gibt es auch noch andere Vergnügen
als die von der Psychoanalyse beschriebenen unbewußt motivierten.
Die Diskussion der Genrefilme hat beispielsweise gezeigt, daß Filme
angeschaut werden, um das Vertraute und Gewohnte wieder zu erleben. Man möchte sehen, wie ein Verbrechen aufgeklärt und der Killer
selbst umgebracht wird. Bei TEQUILA SUNRISE (1988) freut man sich,
wenn sich am Ende die Liebenden Mel Gibson und Michelle Pfeiffer
in die Arme schließen. Wenn Gibson in LETHAL WEAPON I und II
(1986,1988) oder Gene Hackman in FRENCH CONNECTION I und II
(1971, 1975) zu sehen sind, kann das Vergnügen darin bestehen, einen
vertrauten Helden wieder zu erleben. Zudem läßt sich die Konstanz
und die Entwicklung seiner charakterlichen Stärken und Schwächen
studieren.

Ferner verschafft das Erkennen von Genrekonventionen und von
intertextuellen Referenzen Vergnügen und bestätigt dem Zuschauer,
Teil einer Kultur zu sein, die er kennt und in der er seinen Platz hat.
Bei der Rezeption von Filmen gibt es also auch Formen des Vergnügens, die sich durch psychoanalytische Deutungen nur begrenzt erklären lassen, da sie nicht allein vom Film abhängen, sondern kulturell
verankert sind. „They are pleasures offered by other social practices,
and reveal how the social practice of film is enclosed within other
practices, within other systems of meaning" (Turner 1988, S. 120).

Kapitel 5

Die Aneignung von Filmen

> *„Il n'y a pas de vrai sens d'un texte."*
> (Paul Valéry)

Wenn man die Filmrezeption soziologisch untersuchen möchte, genügt es nicht, vom Film ausgehend den Zuschauern eine idealtypische Form der Wahrnehmung und Deutung zu unterstellen. Denn diese rein auf den Filmtext beschränkte Analyse erlaubt keine Folgerungen über den tatsächlichen Gebrauch, den Gruppen oder Individuen von ihm machen. Hierzu muß man deren Aneignung des Films erforschen, die zudem noch andere Aktivitäten als das Kino- oder Videoerlebnis umfaßt. Sie vollzieht sich in den sozialen und historischen Kontexten, in denen Filme wahrgenommen, gedeutet, diskutiert und ins alltägliche Leben integriert werden. Außerdem hängen die jeweils produzierten Bedeutungen und Formen des Vergnügens von den Möglichkeiten ab, die ein Film bietet.

In diesem umfassenden Sinn wurde die Filmkommunikation bisher nur selten zum Gegenstand der Forschung. Unter Rückgriff auf bislang vorliegende Studien wird deshalb im folgenden die *Interaktion* von Filmtext und *kontextuell* situiertem Rezipienten untersucht. Diese Interaktion kann im kreativen Idealfall zwei Formen annehmen. Zum einen kann sich der Rezipient als ein dem Regisseur „kongenialer" *Interpret* erweisen. Die „politique des auteurs" ist hierfür ein Beispiel. Zum anderen kann sie dazu führen, daß der Rezipient den Film umfunktioniert und ihn zu seiner eigenen *Fabrikation* macht. Der industriell produzierte Filmtext wird dann zum „Rohmaterial" einer *anderen Produktion:*

„Diese ist listenreich und verstreut, aber sie breitet sich überall aus, lautlos und fast unsichtbar, denn sie äußert sich nicht durch eigene Produkte, sondern in der Umgangsweise mit den Produkten, die von einer herrschenden ökonomischen Ordnung aufgezwungen werden." (De Certeau 1988, S. 13)

Michel de Certeau hat gezeigt, wie die Populärkultur in industriellen Gesellschaften auf der Kreativität und der Kunstfertigkeit im Gebrauch medialer Produkte aufbaut. Für die Berücksichtigung des Verhältnisses von Film, Kultur und Gesellschaft ist es daher wichtig, hinter dem „Filmkonsum" die oft unsichtbaren Aktivitäten der Rezipienten sichtbar zu machen. „Die Konsumpraktiken sind die Phanto-

me einer Gesellschaft, die ihren Namen trägt. Wie früher die ‚Geister'
postulieren sie die vielförmige und geheime produktive Tätigkeit" (De
Certeau 1988, S. 86).

De Certeau begreift die alltäglichen Praktiken der Konsumenten als
Taktiken. Da die Konsumenten selbst keine Macht haben, können sie
nur die Gelegenheiten ausnützen, die ihnen das System, in unserem
Fall die Filmindustrie, bietet. Deshalb kann die Aneignung von Filmen
durch folgende Merkmale gekennzeichnet sein: „ … gelungene Tricks
des ‚Schwachen' in der vom ‚Starken' etablierten Ordnung, die Kunst,
im Bereich des Anderen ‚Coups zu landen', Jagdlisten, polymorphe
und taktisch geschickte Beweglichkeit, poetische und kriegerische
Glücksfälle" (De Certeau 1988, S. 94). Die kriegswissenschaftliche
Metaphorik dieser Formulierungen bietet einen adäquateren Ausgangspunkt, die alltägliche Aneignung von Filmen zu erforschen, als
die einseitige Konzentration auf den Film oder auf einen als Mario-
nette verstandenen Rezipienten.

Kontextuelle Bedingungen der Aneignung
von medialen Texten

Vor De Certeau hat Umberto Eco in den sechziger Jahren eine Theorie
der Medienkommunikation entworfen, in der er die Sicht der Massenkultur als einer repressiven und homogenisierenden Kraft zu korrigie-
ren versuchte (vgl. Eco 1972, 1984). Von der semiotischen Aktivität
des Rezipienten ausgehend, rückte er dessen Möglichkeit in den Mittelpunkt, eine empfangene Medienbotschaft *anders zu lesen,* als sie
von den Produzenten gemeint war: „Das Empfangsgerät verwandelt
das Signal in eine Botschaft, aber diese Botschaft ist noch eine leere
Form, die der Empfänger mit verschiedenen Bedeutungen füllen kann,
je nachdem, welchen Code er auf sie anwendet" (Eco 1985, S. 151).
Sobald es signifikante soziale oder historische Differenzen zwischen
den Produzenten und den Zuschauern gibt, wird ein medialer Text
durch eine andere Gruppe von Kodes und Konventionen dekodiert
werden als die, die bei seiner Enkodierung bzw. Produktion verwandt
wurden. Die Kompetenz der Zuschauer – der „Empfänger" – weicht
dann von der der „Macher" – der „Sender" – des Films ab. Sie können
nicht das entschlüsseln, was verschlüsselt wurde. So wird ein ameri-
kanischer Collegefilm wie Die UNI MEINER TRÄUME (1989), dessen
primäre Zielgruppe mittelständische Jugendliche in den USA sind, in
Osteuropa oder in einem Dorf in Afrika wahrscheinlich gänzlich anders wahrgenommen und interpretiert, als es vorgesehen war. Ein wei-

teres Beispiel: nicht nur Ronald Reagan ist ein Fan der Rambo-Filme, diese genießen auch in Australien unter den Aborigines Kultstatus. Allerdings zeigt eine ethnographische Analyse (Michaels 1986), daß die Aborigines nicht wie Ronald Reagan die beispielsweise in RAMBO II (1985) enthaltene nationalistische und patriotische Ideologie schätzen. Stattdessen ist der Film bei ihnen deshalb populär, weil sie davon überzeugt sind, daß Rambo mit den Kameraden, die er befreit, verwandt sei. Sie nehmen den Film also in den Kategorien ihres Verwandtschaftssystems wahr.

Die Beispiele machen deutlich, daß die Aneignung eines Films entscheidend vom kulturellen Hintergrund der Rezipienten abhängt. Gerade bei Filmen, die von einer Vielzahl sozialer Gruppen gesehen werden, wird eine abweichende und uneinheitliche Dekodierung, in der der Film gemäß den jeweiligen Kodes der Rezipienten angeeignet wird, die Regel sein. Deshalb ist die Filmkommunikation grundsätzlich *polysem* strukturiert. Wie die Massenkommunikation im allgemeinen, ist sie von einer *Interpretationsvariabilität* gekennzeichnet (Eco 1985, S. 152).

Vor allem angelsächsische Forscher, die zum Umkreis der sogenannten *Cultural Studies* gehören, haben bisher die verschiedenen *Aneignungsformen* und ihre kontextuelle Verankerung zum Gegenstand der Forschung gemacht. So ging Stuart Hall (1973) davon aus, daß Fernsehprogramme von verschiedenen Menschen auch unterschiedlich wahrgenommen und interpretiert werden. Die formalen Eigenschaften dieser Texte seien aber so organisiert, daß sie den Zuschauern eine „Vorzugslesart" („preferred reading") nahelegen würden, die mit dem herrschenden ideologischen System übereinstimme.

Dies schließe jedoch nicht aus, daß die Zuschauer eine davon abweichende, allerdings mit der Ideologie im großen und ganzen übereinstimmende Lesart *aushandeln* bzw. sogar eine oppositionelle, ablehnende Position dem medialen Text gegenüber einnehmen könnten. Welche Aneignungsstrategie der Zuschauer schließlich ergreife, hänge primär von seiner Klassenzugehörigkeit ab. Die jeweilige soziale Situierung des Rezipienten innerhalb der Klassengesellschaft bestimme nämlich, ob die vom Text vorgeschlagene Lesart einfach übernommen oder mit eigenen Deutungen synthetisiert werde. Die Nützlichkeit der Konzeption des Rezeptionsprozesses als Aushandlungsprozeß sei an einem Beispiel aus der empirischen Forschung überprüft, und zwar anhand von Filmen, bei denen die Theorie der „Vorzugslesart" unmittelbar einleuchtet.

Exkurs: Wie nehmen Frauen pornographische Filme wahr?

Die Rezeption von pornographischen Filmen durch Frauen ist ein interessantes Beispiel für eine mögliche Anwendung der Hallschen Theorie. Das Genre des pornographischen Films zeichnet sich wie kein anderes durch die Inszenierung *einer* bestimmten Ideologie aus und rückt damit eine Lesart in den Vordergrund. Es repräsentiert das Simulakrum einer panerotischen Welt, in der Frauen und Männer immer zur Lust bereit sind. Überall, im Büro, auf dem Motorrad, im Beichtstuhl etc. ist Sex ohne die Voraussetzung der Liebe und ohne soziale Konsequenzen zu haben. Die Frauen werden in den Filmen als stets entgegenkommende und willige Lustobjekte inszeniert, die Männlichkeit ist die des agierenden, einsamen Phallus. Im Sinne von Laura Mulvey (1980) dominiert der „männliche Blick", der die Frau zum Objekt der Augenlust macht und die Identifikation mit dem männlichen Protagonisten nahelegt.

Bei unserer ethnographischen Untersuchung zum „Konsum" von Pornovideos (vgl. Eckert et al. 1991, S. 142ff.), in der wir wie Hall davon ausgingen, daß die Bedeutung eines medialen Textes nicht immer übernommen, sondern auch ausgehandelt wird, kamen wir zu dem Ergebnis, daß sich bei Frauen vor allem vier Rezeptionsformen aufzeigen lassen, die sich nach dem Hallschen Modell typisieren lassen.

Zum einen gibt es Frauen, die gleichgültig auf Pornographie reagieren und sich meist nur einmal solche Filme ansehen. Eine zweite Gruppe erfährt pornographische Filme als abstoßend und ekelhaft. Die inszenierte Sexualität stimmt nicht mit ihren Erfahrungen und Vorstellungen überein. Insbesondere die letztere Gruppe steht der repräsentierten weiblichen und männlichen Sexualität oppositionell gegenüber.

Dagegen erlebt eine dritte Gruppe von Frauen Pornographie als etwas „faszinierend Prickelndes". Eine Analyse der durchgeführten Interviews zeigt, daß diese Frauen sich den männlichen Blick zu eigen machen und ihr Interesse vor allem den „erregten Frauen" gilt. Im Sinne von Hall stimmen sie mit der „Vorzugslesart" des Filmes überein.

Eine vierte Gruppe steht Pornofilmen nicht an sich negativ gegenüber, aber bemängelt das Fehlen von Gefühlen und Liebe; ferner kritisiert sie die Direktheit der Bilder. Hier haben wir es mit einer ausgehandelten Lesart zu tun. Die Rezipientinnen entwickeln eine eigene Interpretation, die in der Forderung nach einer anderen Pornographie gipfelt.

Auch die Rezeption relativ einfach gestrickter Filme ist gewöhnlich ein Aushandlungsprozeß. Da die pornographischen Filme über eine „Vorzugslesart" im Hallschen Sinne verfügen, lassen sich auch die Lesarten der Zuschauerinnen gemäß ihrem Verhältnis zu dieser bestimmen. Allerdings wird an diesem Punkt auch ein entscheidendes Manko der Theorie offensichtlich. Sie wird implizit von der Vorstellung bestimmt, daß der von der herrschenden Ideologie getragene mediale Text diktatorisch die Lesarten bestimmt: „Whatever reading position was adopted, however, it always articulated itself through a relationship to the dominant ideological system" (Turner 1988, S. 121f.).

Außerdem ist fraglich, ob wirklich die Klassenzugehörigkeit die primäre Determinante der jeweiligen Aneignung ist. In unserer Untersuchung haben wir jene nicht systematisch berücksichtigt. Trotzdem ergaben sich ähnliche Unterschiede in den Lesarten, wie sie Hall herausgearbeitet hat. Dies mag mit den theoretischen Vorgaben zusammenhängen, es könnte aber auch ein Hinweis darauf sein, daß andere soziale Differenzen eine die Aneignung bestimmende Bedeutung gewinnen können.

Interessanterweise zeigte die empirische Überprüfung der Theorie durch Hall und seine Schüler (vgl. Fiske 1987a, S. 64ff.), daß die drei im Modell angenommenen Lesarten in der Wirklichkeit nicht gleich häufig vorkamen. Die Mehrzahl der Rezipienten entwickelte nämlich eine eigene Deutung, die die Bedeutungen der medialen Texte, die konform mit der „herrschenden Ideologie" sind, gemäß den sozialen Differenzen unter den verschiedenen Zuschauern, und zwar nicht nur gemäß den Klassenunterschieden, veränderte.

Die Kritik kulminierte in einer Studie von David Morley (1980), einem Schüler von Hall. Morley konnte nämlich in dieser *ethnographisch* orientierten Untersuchung am Beispiel der britischen Magazinsendung „Nationwide" nachweisen, daß Hall die Funktion der Klassenzugehörigkeit in der Produktion von Lesarten überschätzt und gleichzeitig die Vielzahl möglicher sozialer Determinanten der Rezeption unterschätzt hat. Er zeigte, daß nicht nur die Klassenzugehörigkeit, sondern auch Faktoren wie das Geschlecht, die Subkultur, die Ethnizität, der Beruf etc. die Aneignung von „Nationwide" entscheidend bestimmten. Diese *außer-textuellen* Merkmale bedingten in der Regel unterschiedliche Auslegungen.

Das interessanteste Ergebnis der Studie von Morley war jedoch, daß auch Rezipienten aus verschiedenen sozialen Klassen ähnliche Lesarten entwickeln können. Damit war das Hallsche Modell in bezug auf die allein determinierende Kraft der Klassenzugehörigkeit endgültig falsifiziert. Jeder Zuschauer bringt als soziales Subjekt Erfahrungen und Einstellungen in die Rezeption von medialen Texten mit ein, die zu ähnlichen oder ganz unterschiedlichen Sinnkonstitutionen bei ein und demselben medialen Text führen können. Diese Interpretationsvariabilität ist für Morley, ähnlich wie für Eco, primär Produkt der sozialen Differenzen unter den Rezipienten.

Hier enthüllt sich aber auch eine Unzulänglichkeit des Ansatzes von Morley, die sich bereits in der Hallschen Theorie findet: „What is offered is an ‚account of different readings of the same text'. It is important to recognize that if we believe that meaning is to some extent indeterminate, then *different readings* of a film will actually produce *different films"* (Turner 1988, S. 122).

Auch wenn Spielfilme (oder Fernsehprogramme) in ihrem Inhalt von einer ideologischen Sinnstruktur dominiert werden, enthalten sie immer auch Widersprüche, Ambivalenzen und andere Formen von Mehrdeutigkeit. Zudem sind sie auf der Ebene des Ausdrucks prinzipiell *polysem* angelegt. Diese Offenheit ergibt sich bereits aus der nie ausdeutbaren Konnotation der Bilder (vgl. Kapitel 2). Insofern ist die Vorstellung einer den medialen Text bestimmenden „Vorzugslesart" bei den meisten Filmen problematisch. Hinterrücks hat sich so in die Theorien von Hall und Morley die Vorstellung einer „wahren Bedeutung" eingeschlichen.

Für die Filmsoziologie angemessener ist die Konzeption des medialen Textes, die John Fiske (Fiske 1987a, 1989a) entworfen hat. Fiske beschäftigt sich zwar primär mit Fernsehtexten und deren häuslicher Rezeption; wir werden aber zeigen, daß viele seiner Vorstellungen auch auf Spielfilme übertragbar sind, zumal, wenn diese im Fernsehen gezeigt oder mittels Video rezipiert werden.

Textuelle Bedingungen der Aneignung von Filmen

Fiske geht davon aus, daß ein medialer Text ein Potential heterogener Bedeutungen enthält und so von einer strukturierten Polysemie durchdrungen ist. So läßt sich ein Filmtext charakterisieren durch einen Zustand der Spannung zwischen Kräften der *Schließung,* die die Vielsinnigkeit zugunsten einer dominierenden Bedeutung zurückdrängen, und Kräften der *Offenheit,* die einer Vielzahl von Rezipienten eine Aneignung des Textes erlauben, die für sie lebenspraktisch relevant ist (vgl. Fiske 1987a, S. 84). Die „Stimmen", die für Offenheit eintreten, sorgen dafür daß die Bedeutung nicht unveränderbar oder festgelegt, sondern unbestimmt ist. Die Polysemie ist natürlich unterschiedlich stark ausgeprägt. So ist ein Film von Godard oder Resnais in der Regel vielsinniger als eine Hollywoodproduktion.

Spielfilme sind also keine selbstgenügsamen Werke, die einen ähnlichen Einfluß auf alle Rezipienten ausüben, sondern sie sind auf deren Mitarbeit angewiesen, die eine wesentliche Bedingung ihrer Aktualisierung ist. Eco (1990) hat diese Auffassung für literarische Texte präzisiert. Er geht davon aus, daß „ein Text ein Produkt ist, dessen Interpretation Bestandteil des eigentlichen Mechanismus seiner Erzeugung sein muß" (Eco 1990, S. 65). Dies gilt auch für Filme. In den Interpretationen der Rezipienten wird das Potential von Bedeutungen, das ein Film enthält, abhängig von deren Erfahrung, Kompetenz und den Kontexten der Aneignung auf unterschiedliche Weise aktiviert (vgl. Denzin 1988, 1991; Eckert et al. 1991).

Fiske (1987a, S. 97) knüpft an diesem Punkt an die Unterscheidung von Barthes zwischen einem Werk und einem Text an. Ein Werk der Literatur ist ein lebloses Objekt, eine fixierte *Galaxie von Signifikanten* (Barthes 1987, S. 10) auf den Seiten eines Buches. Das Buch wird erst zum Text, wenn es geöffnet und gelesen wird. Während ein Werk potentiell eine Pluralität von Texten darstellt, ist daher jeder von einem Leser produzierte Text lediglich eine spezifische Aktualisierung dieses Potentials. Auch die Rezipienten eines Films fabrizieren im Akt der Aneignung gemäß ihren Lesarten oft verschiedene Filme.

Die heterogenen Sinnproduktionen basieren auch auf textuellen Stützen, die Filme erst für plurale Aneignungen *öffnen*. Im Anschluß an Fiske (1987a, S. 85ff.) lassen sich einige der polysemen Merkmale von Spielfilmen folgendermaßen bestimmen. Oft gehen diese bei einem Film ineinander über oder bedingen und unterstützen sich gegenseitig:

Zunächst ist auf die *Ironie* hinzuweisen, die immer vielsinnig ist und deshalb zu scheinbar „perversen" Lesarten auffordern kann, indem sie einander entgegengesetzte Bedeutungen gegeneinander ausspielt. So kann bei verbalen Äußerungen in Filmen durch die Gestik oder den Tonfall des Helden das Gegenteil des Gesagten bedeutet werden. „Irony can never be totally controlled by the structure of the text: it always leaves semiotic space for some readers to exploit" (Fiske 1987a, S. 86).

Es gibt Filmemacher, die ganze Filme ironisch anlegen. Woody Allen ist hierfür ein gutes Beispiel. In PLAY IT AGAIN, SAM (1971) ist bereits der Titel eine ironische Reverenz an CASABLANCA (1942). Dort fordert Rick (Humphrey Bogart) den schwarzen Pianisten Sam mit den Worten „Play it, Sam!" auf, „As Time Goes By" zu spielen. In

Woody Allens Film kommt es zu einer ironischen Umkehrung, als die Hauptfigur und Bogart-Fan Allan Felix sagt: „Play *it* again, Sam!" Felix (Woody Allen) ist ein begeisterter Filmfan und Kritiker einer Cineasten-Zeitschrift. Seine Frau verläßt ihn, weil sie ihn wegen seiner Kinoleidenschaft vernachlässigt. Felix verfällt deshalb in Depressionen, bekommt aber überraschend Hilfe durch sein Idol Humphrey Bogart, der in wichtigen Situationen auftaucht und ihm Mut zuspricht. Er bemüht sich, dessen Coolness und Männlichkeit zu kopieren, um bei Frauen mehr Erfolg zu haben. Felix kann seine Ungeschicktheit jedoch nicht überwinden und scheitert mit dieser Tour. Erst als er nicht mehr die Sprüche Bogarts kopiert, sondern versucht, er selbst zu sein, entsteht eine Liebesbeziehung zwischen ihm und der Frau eines Freundes.

Woody Allen deckt einerseits auf humorvolle Art die Scheinwelt eines enthusiastischen Kinofans auf, andererseits macht er an diesem Beipiel deutlich, welche Vorbildfunktion Filme in der persönlichen Lebensgestaltung bewußt oder unbewußt einnehmen können. Zudem ist der Film mit vielen Erinnerungen an andere große Kinofilme wie EASY RIDER (1969), DER MALTESER FALKE (1941) und natürlich CASABLANCA (1942) gespickt. Dadurch ist PLAY IT AGAIN, SAM selbst Ausdruck einer großen Leidenschaft für das Kino. Er ist von einem Fan gedreht worden, der in seiner Jugend selbst versucht hat, Bogart zu imitieren. Diese *ironische Einstellung* der Kinoleidenschaft gegenüber und in bezug auf die Folgen, die sie für die Fremd- und Selbstwahrnehmung haben kann, erlaubt dem Zuschauer sowohl die Lesart, sich über den Helden lustig zu machen, als auch die eventuelle eigene Kinoleidenschaft als wesentlichen Bestandteil seiner Identität anzunehmen und über ihre Bedeutung nachzudenken.

Auch Allens Film HANNAH UND IHRE SCHWESTERN (1986) erlaubt verschiedene Lesarten. Er läßt sich zunächst als heiter-traurige Schilderung persönlicher Beziehungen in New York begreifen, andererseits aber auch als distanziertes Lächerlichmachen und Nichternstnehmen der existentiellen Krisen und der (Pseudo-)Probleme gutsituierter Amerikaner. Der Vergleich mit dem literarischen Vorbild, dem Roman „Anna Karenina" von Tolstoj, der für den Film einen Subtext darstellt, macht dies überdeutlich (Winter 1990). Während Anna Karenina nach dem Scheitern ihrer Liebesbeziehung nur der Selbstmord als Ausweg bleibt, wechselt man in Woody Allens Film einfach den Partner.

Ein zweites Merkmal ist die *Metapher,* die wie die Ironie auf zwei Diskursen aufbaut. Sie erklärt etwas in Begriffen eines anderen.

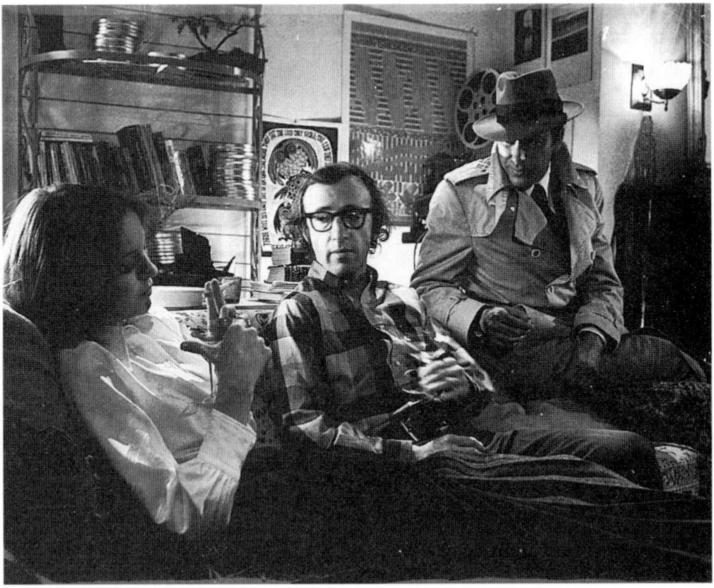

MGM
Tanz der Vampire
FSK

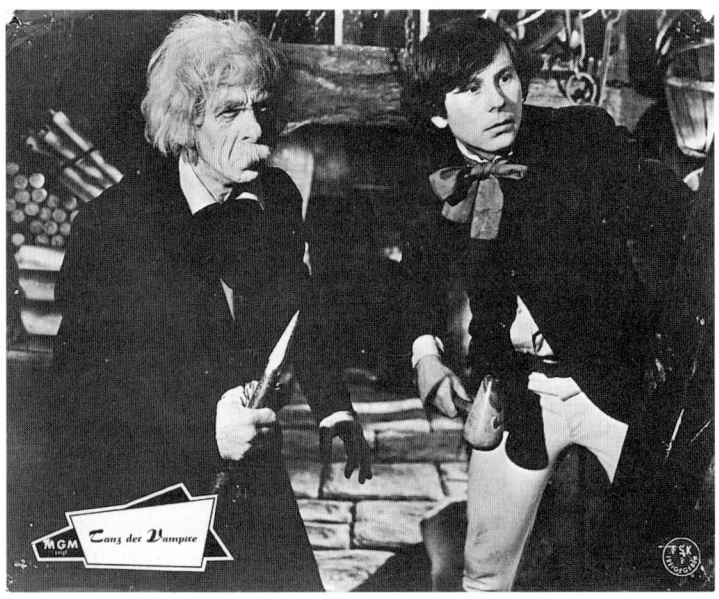

„The metaphor that explains a woman's attractiveness to a man in terms of bees, honey, and flowers obviously works to ground a patriarchal view of gender relations in nature and thus, literally, to naturalize it. But the metaphor is spoken in an exaggerated tone of voice that draws attention to its metaphorical nature and thus its artficiality." (Fiske 1987a, S. 87)

Die Metapher kann so auch als kritischer Kommentar verstanden werden. In einem Film können Metaphern auch visueller Art sein. Der Biß von Dracula ist hierfür ein schönes Beispiel. Dieser hat nämlich eindeutig sexuelle Konnotationen und schafft so eine zweite Bedeutungsebene im Film. In Stokers Roman „Dracula", aber z.B. auch in dem Film von 1930 mit dem dämonischen Bela Lugosi in der Hauptrolle ist der Biß ein Mittel, um sexuelles Begehren und Konflikte darstellen zu können, die sonst wohl zensiert worden wären. Andy Warhol dagegen hat diese Ebene in seinem Dracula-Film (1973) offengelegt und *parodiert.* Dracula verträgt nur das Blut von Jungfrauen, die er aber nur selten trifft.

Deshalb ist die *Parodie* neben dem *Witz* und dem *Sarkasmus* eine weitere Quelle für Mehrdeutigkeit. So werden im komischen Film im allgemeinen die Widersprüche und latenten Strukturen der gesellschaftlichen Wirklichkeit aufgedeckt (vgl. Seeßlen 1982). Laurel und Hardy zum Beispiel versuchen sich durch Überanpassung in der alltäglichen Ordnung zurechtzufinden. Ein Zufall, die Tolpatschigkeit von Laurel oder ein kleines Mißverständnis enthüllen aber die labilen Stützen des Alltags oder bringen sie gar zum Einsturz.

Zur Filmkomik gehört auch die Filmparodie. Insbesondere die Genreparodie erfreute sich in neuerer Zeit großer Beliebtheit (vgl. Winter und Winter 1991). Man denke z.B. an die Monty Python-Filme oder an die sehr erfolgreichen Action- und Horrorkomödien. Die Technik der Parodie basiert vor allem auf Verweisen:

„Mit ‚What's up, Doc?' (Is' was, Doc? – 1972) hat Peter Bogdanovich einen regelrechten Verweis-Film gedreht, in dem es kaum Szenen gibt, die nicht als Hinweise auf andere, meist solche aus klassischen Hollywood-Filmen dienen. Dennoch funktioniert die Komödie auch für einen der Geschichte des Hollywood-Films gänzlich unkundigen Zuschauer: der verdeckte Verweis ist also so etwas wie eine Dreingabe, die Wonne der Eingeweihten, zu denen man schnell gehört." (Seeßlen 1982, S. 143)

Eine andere Form von Parodie entsteht, wenn ein Film ein komisches Derivat wirklicher alltäglicher Vorgänge ist. Ein Beispiel für einen Film mit solchen parodistischen und sarkastischen Untertönen ist KING OF COMEDY (1982). Scorsese hat in diesem Film die intime

Vertrautheit vieler Zuschauer mit dem Fernsehen *parodistisch* über-
zeichnet. Rupert Pupkin (Robert De Niro) meint wirklich, der Fern-
sehstar Robert Langford (Jerry Lewis), den er aus vielen Shows
kennt, sei sein persönlicher Freund und daher verpflichtet, ihm den
Einstieg in eine Karriere zu ermöglichen. Ohne Skrupel belagert er
deshalb dessen Agentur, macht sich durch Telefonanrufe und persönliche Besuche unbeliebt. Schließlich dringt er gewaltsam ein und
wird herausgeworfen. Damit wird das implizite Versprechen der
Fernsehkommunikation, „warme", persönliche Beziehungen zu ermöglichen, aufgedeckt und verspottet. Aus dem Vergnügen vieler
Fernsehzuschauer, einen Schauspieler auf der Straße mit seinem Namen im Film anzusprechen und so die Grenze zwischen Repräsentation und Realem spielerisch zu überschreiten, wird im Film Ernst.

Die zentrale Eigenschaft medialer Texte, die eine Vielzahl von Rezipienten anspricht, ist der *Widerspruch.* Viele Filme bestehen aus einer Collage von Diskursen, die sich gewöhnlich widersprechen.
Dadurch gewinnen diese Filme eine Multiakzentualität. So läßt sich der
Film ZOMBIE (1979) von George A. Romero einerseits als wüstes Erschießungsspektakel, dem insbesondere ethnische Minderheiten zum
Opfer fallen, interpretieren, andererseits auch, wie die genaue Analyse
zeigt, als Entlarvung und Kritik einer faschistoiden Mentalität.

Der *Exzeß* kann zwei Formen annehmen. Fiske (1987a, S. 90f.) unterscheidet zwischen dem Exzeß durch Übertreibung und dem semiotischen Exzeß. Als *Übertreibung* zeichnet er sich durch eine doppelte
Artikulation aus. In dem Film DIE MAFIOSIBRAUT (1988) werden die
typischen Mafiarituale und -symbole durch Übertreibung lächerlich
gemacht. In EINE GEFÄHRLICHE FREUNDIN (1986) ist die Hauptdar-
stellerin, die einen jungen Geschäftsmann verführt, in dieser Rolle
durch ihr Aussehen und ihr Verhalten so übertrieben gekennzeichnet,
daß sie beinahe die Parodie eines Vamp oder einer Femme fatale darstellt. Der Rezipient wird so auf die kulturelle Konstruktion dieses
Frauentyps aufmerksam gemacht.

Weiterhin verdanken viele sehr erfolgreiche Kriminal- oder Ac-
tionfilme ihre Popularität der Eigenschaft, daß sie es den Fans ermöglichen einerseits einer spannenden Handlung zu folgen, und sich
andererseits über die Konventionen des jeweiligen Filmgenres lustig
zu machen. RED HEAT (1988) oder JOHNNY HANDSOME (1989) von
Walter Hill sind hierfür Beispiele. „Excess allows for a subversive, or
at least parodic, subtext to run counter to the main text and both ‚texts'
can be read and enjoyed simultaneously by the viewer, and his/her dis-
united subjectivity" (Fiske 1987a, S. 91).

Der *semiotische Exzeß* funktioniert ähnlich, stellt aber eher eine allgemeine Charakteristik jedes Films dar. Die verschiedenen Signifikationssysteme des Films, die wir bereits behandelt haben, schaffen nämlich durch ihre internen Relationen und durch ihre Bezüge zu außerfilmischen Diskursen und sozialen Beziehungen einen, wie es Hartley (1983, S. 75) genannt hat, „excess of meaningfulness". Dieser konstitutionelle Sinnüberschuß wird durch verschiedene textuelle Strategien eingedämmt. So ist die realistische Erzählweise mit ihrer Logik von Ursache und Wirkung ein Mittel, um in Filmen eine dominierende Sinnebene zu etablieren. Wenn dieses Korsett angebracht ist, bündelt es die Bedeutungen, es gibt aber immer welche, die nicht richtig hineinpassen.

Ein weiteres Merkmal, das einen Film für vielfältige Lesarten öffnet, ist die *Polyphonie,* die Existenz einer Vielheit von Stimmen in einem Film. Gerade das nordamerikanische Kino hat ein großes polyphones Potential (vgl. Stam 1988, S. 129). In Alan Parkers FAME (1979) arbeiten jugendliche Repräsentanten verschiedener Gemeinschaften – Schwarze, Puertoricaner, Juden, Homosexuelle – in einer künstlerischen Gemeinschaft zusammen. Zelig in dem gleichnamigen Film von Woody Allen (1983) hat die Fähigkeit, den Akzent und die Ethnizität derer anzunehmen, mit denen er agiert. „His chameleonism merely renders visible and physical what is unusually invisible – i.e., the process of synchretizing which occurs when ethnicities brush against and rub off on one another" (Stam 1988, S. 130). Zelig selbst ist eine allegorische Figur, die zugleich weiß, schwarz, jüdisch, Indianer, Mexikaner, Chinese ist. Sein Selbst besteht so aus einer Vielheit kultureller Stimmen.

Schließlich wird die Polysemie durch die *Intertextualität* verstärkt, was bereits das Beispiel der Parodie deutlich machte. Intertextualität bedeutet, daß jeder Film in spezifischen Beziehung zu anderen Filmen steht und vor diesem Hintergrund auch gesehen und verstanden wird. Am Beispiel der Genrefilme haben wir gezeigt, daß ein Film nie ein unabhängiges kulturelles Ereignis ist. Sein Verständnis erschließt sich oft erst durch das Vertrautsein mit den Welten anderer Filme. Das Filmzitat in Parodien ist ein besonders eindrückliches Beispiel für Intertextualität.

Roland Barthes (1987) hat gezeigt, daß die gesamte Kultur in ein dichtes Gewebe von Intertextualität (das, was in einer Kultur geschrieben, gesagt und visualisiert wird) eingesponnen ist. Für den Bereich des Films bedeutet dies, daß sich die Rezipienten je nach Kompetenz an unterschiedlichen Punkten in diesem Netz der Intertex-

tualität, in das die Filme eingesponnen sind, befinden. Ihre jeweilige Position bestimmt ihre Sinnkonstitution. Das intertextuelle Wissen stellt so „Rahmen" im Sinne Goffmans (1977) bereit, in deren Kontext ein Film angeeignet wird.

In diesem Zusammenhang kann man eine *horizontale Intertextualität* zwischen den Filmen (vgl. Kapitel III) und eine *vertikale Intertextualität* unterscheiden (vgl. Fiske 1987a, S. 108ff.). Die letztere ergibt sich durch die Bezüge zwischen den Filmen als *primären Texten,* Zeitschriften, Pressemitteilungen etc. als *sekundären* und *tertiären Texten* wie der Fanpost und den Fanzeitschriften. Die Bedeutung dieser Formen von Intertextualität für die Sinnkonstitution soll am Beispiel von James Bond und am Phänomen der Filmstars verdeutlicht werden.

Wer ist James Bond?

Bennett und Woollacott versuchen in ihrer Studie „Bond and Beyond: The Political Career of a Popular Hero" (1987) dem Phänomen Bond möglichst umfassend gerecht zu werden. Deshalb untersuchen sie nicht nur die Romane und Filme, sondern auch Werbeanzeigen, Interviews mit den Hauptdarstellern (so mit Sean Connery), Berichte über die „Bond-Girls", Fanzeitschriften etc. Auf diese Weise können sie zeigen, daß die Bedeutung von Bond nicht das Produkt der Romane von Fleming und der Filme allein, sondern aller Texte über Bond ist.

In den späten fünfziger Jahren war Bond noch primär eine literarische Figur, eine Kultfigur allenfalls für Intellektuelle. Erst in den sechziger Jahren wurde er durch die Verfilmung der Romane, durch Werbeanzeigen, durch verschiedene Waren etc. zum populären Helden. Ebenso verliehen die neuen Texte über Bond den Romanen einen anderen Stellenwert und verschafften ihnen ein Massenpublikum, das freilich durch die Filme geprägt war und so bestimmte Vorstellungen über Bond bereits in die Lektüre einbrachte.

„It can thus be seen that the figure of Bond has been differently constructed at different moments in the Bond phenomenon. ‚James Bond' has been a variable and mobile signifier rather than one that can be fixed as unitary and constant in its signifying functions and effects." (Bennett und Woollacott 1987, S. 42)

Daher läßt sich die Bedeutung von Bond nicht aus den Filmen allein ableiten. Vielmehr spielen verschiedene „textual shifters" (Bennett und Woollacott 1987, S. 235ff.) als vermittelnde Instanzen eine wichtige Rolle. So war Bond bis in die frühen sechziger Jahre hinein ein Held des Kalten Krieges. In der Werbung und auf den Buchumschlägen dominierten Waffen und das Handwerkszeug eines Spions. Zehn Jahre später war Bond zum Frauenheld und zum Repräsentanten einer „befreiten" männlichen Sexualität geworden. In der Werbung wurde seit den sechziger Jahren vor allem über die sogenannten „Bond-Girls" berichtet. Auch in den Filmen konzentrierte sich neben dem Kampf gegen den Bösewicht die Aufmerksamkeit auf die Frage, ob und wie Bond die Mädchen rumkriegt. Beim „Bond-Girl" ist Sexualität nicht auf die Ehe beschränkt, aber in bezug auf die männliche Sexualität konstruiert. „Representations of the ‚Bond girl', in portraying her as the subject of an independent and free sexuality, served only to make her instantly and always available – but only for men" (Bennett und Woollacott 1987, S. 241). Mit DER HAUCH DES TODES (1986) wurde James Bond, gespielt von Timothy Dalton, Mitte der achtziger Jahren schließlich zum „Saubermann". Die Bettszenen mit wechselnden Frauen verschwanden im Zeitalter von Aids. Wie Bennett und Woollacott (1987, S. 17ff.) herausarbeiten, ist James Bond „a sign of the times", dessen Bedeutung als populärer Held deshalb auch einem Wandel ausgesetzt ist, der sich nur durch die Berücksichtigung der Intertextualität angemessen bestimmen läßt. Aber nicht nur Bond, auch die *Stars* sind sowohl Zeichen als auch intertextuelle Phänomene.

Die Stars

So hat Richard Dyer (1979) gezeigt, daß ein Star durch mediale Texte geschaffen wird. Sein „Image" wird in Filmen, Zeitschriftenartikeln, Fernsehinterviews, Fanzeitschriften etc. vermittelt. Unter Image versteht Dyer (1979, S. 38) nicht ein rein visuelles Zeichen, sondern eine komplexe Konfiguration aus visuellen, verbalen und auditiven Zeichen. Es hat außerdem eine zeitliche Dimension. Zum einen kann es sich entwickeln und verändern, wie z.B. bei Jane Fonda. Sie begann in den sechziger Jahren in Filmen wie WALK ON THE WILD SIDE (1962) oder BARBARELLA (1967) als Sexsymbol, wogegen sie in OLD GRINGO (1989) eine spröde, altjüngferliche Frau spielt. Zum anderen kann es relativ beständig sein. So entstand das Image von Marlene Dietrich in ihren Filmen mit Josef von Sternberg (1930–1935). Der Versuch, es zu verändern, indem man sie in Western mitspielen ließ, bestärkte nur die Vorstellung von ihr als „übersinnlicher Schönheit". Dazu kam, daß sie bis in die sechziger Jahre hinein ihr Aussehen bewahren und so auch äußerlich Kontinuität demonstrieren konnte.

Um die Totalität eines Images in seiner chronologischen Dimension

erfassen zu können, darf man es sich nicht als ein kumulatives Ergebnis der verschiedenen Texte mit und über einen Star vorstellen. Vielmehr muß man es als eine *strukturierte Polysemie* analysieren:

„By polysemy is meant the multiple but finite meanings and effects that a star
image signifies. In looking at Jane Fonda's image, I shall not be trying to say
what she meant for the ‚average person' at various points in her career, but rather what the range of things was that she could be read as meaning by different audience members." (Dyer 1979, S. 72)

Ein Image ist also mehrdeutig, wobei die Bedeutungen jedoch nicht
unbegrenzt sind, sondern davon abhängen, was die medialen Texte
verfügbar machen. Sie können sich gegenseitig verstärken. So ergänzen sich beim Image von John Wayne seine körperliche Größe, sein
Drang nach männlicher Unabhängigkeit, seine Unterstützung rechter
Politik und seine Verbundenheit mit dem Westen. Es repräsentiert
eine bestimmte Vorstellung von einem männlichen Dasein in der amerikanischen Gesellschaft.
    Die Elemente des Images können jedoch auch in Opposition oder
im Widerspruch zueinander stehen. So zeigt z.B. Dyer, daß Jane Fonda in den sechziger Jahren nicht das Image einer Rebellin hatte, die die
herrschenden Werte einfach ablehnte. Vielmehr läßt es sich folgendermaßen charakterisieren:

„ ... but it may be that her charisma – which evokes extremes of hate as well
as love – can be accounted for not only in the reconciliation of radicalism and
feminism with Americanness and ordinariness but also in her ability to sug-
gest (as a tomboy) redefinitions of sexuality while at the same time overtly
reasserting heterosexuality." (Dyer 1979, S. 98)

Die widersprüchliche Konstruktion von Jane Fonda ermöglicht den
Zuschauern verschiedene Anknüpfungspunkte. Die „Bedeutung" eines Stars für den einzelnen Zuschauer hängt von einem Prozeß der Aneignung ab, in dem der Star auf das eigene Leben bezogen wird. Eine
dieser Aneignungsformen ist der Prozeß der Identifikation. Tudor
(1974) hat für diese Form des Star/Publikum-Verhältnisses eine Typologie entwickelt, die vier Kategorien umfaßt (s. Abb. 4, S. 85).
    Die *emotionale Affinität* ist die schwächste, jedoch wahrscheinlich
die am häufigsten vorkommende Kategorie. „The audience feels a loose attachment to a particular protagonist deriving jointly from star,
narrative, and the individual personality of the audience member" (Tudor 1974, S. 80). Der geringen Intensität der Identifikation entspre-
chend, wechselt der Star häufig. Bei der *„self-identification"* versetzt

| | | *Range of consequences* | |
		Context specific	Diffuse
Range of star-individual identification	High	Self-identification	Projection
	Low	Emotional affinity	Imitation (of physical and simple behavioural characteristics)

Abb. 4: Formen des Star-/Publikumsverhältnisses (nach Tudor 1974, S. 80)

sich der Zuschauer an die Stelle des Stars. Tudor (1974, S. 81) berichtet von den Fans von DIE GLORREICHEN SIEBEN (1960), die sich den Film bis zu sieben Mal ansahen, um sich abwechselnd mit jedem Helden identifizieren zu können. Die dritte Kategorie, die *Imitation,* ist besonders unter Jugendlichen beliebt. Man kopiert die Kleidung und den Haarstil von Madonna, den Schlafzimmerblick von Don Johnson oder den Gang von Kim Basinger. Wenn diese Prozesse intensiviert werden, wird die Imitation zur *Projektion.*

„The more extreme the projection, the more the person lives his or her life in terms bound up with the favoured star … In asking themselves what the star might have done in this situation the star-struck are using the star as a way of dealing with their realities." (Tudor 1974, S. 83)

Der Endpunkt ist erreicht, wenn das Alltagsleben nur noch durch die „Brille" des Stars wahrgenommen wird. Dies kommt, so Tudor, jedoch selten vor. Besondere Bedeutung gewinnt das Starwesen vor allem für Heranwachsende. Diese bedienen sich seiner, um sich ein Identitätsgefühl und einen Platz in der sozialen Realität zu erwerben.

Tudor zeigt in seinem Modell, wie Zuschauer mit Star-Images umgehen, die ihnen offeriert werden. Er berücksichtigt jedoch nicht, welchen Anteil das Publikum selbst an der Fabrikation dieser Images hat. Am Beispiel von Madonna werden wir dies bei der Analyse des Gegenwartsfilms zeigen.

Die beschriebenen Merkmale öffnen die Filme für eine Pluralität von Zugängen. Die Formen der Aneignung beschränken sich nicht auf mehr oder minder subtile Interpretationen, sondern sie umfassen auch vielfältige und bisweilen willkürliche Formen des Gebrauchs, die der beabsichtigten Bedeutung eines Films auch Gewalt antun können. Der Film wird dann gemäß den sozialen Interessen der Zuschauer umfunktioniert.

Gerade ein populärer Film zeichnet sich dadurch aus, daß er den textuellen Raum für die Artikulierung von Bedeutungen und Vergnügen, die den Interessen verschiedener Zuschauergruppen entsprechen, bereitstellt. Fiske faßt diesen Zusammenhang folgendermaßen zusammen:

„A popular text, to be popular, must have points of relevance to a variety of readers in a variety of social contexts, and so must be polysemic in itself, and any one reading of it must be conditional, for it must be determined by the social conditions of its reading." (Fiske 1989a, S. 141)

Deshalb lassen sich von der Struktur eines Films her weder die Bedeutung und das Vergnügen, die in unterschiedlichen Kontexten entstehen können, vorab bestimmen, noch Lesarten hierarchisieren.

Im weiteren werden wir an ausgewählten Beispielen die Aneignung des zeitgenössischen Films und deren textuelle und kontextuelle Bedingungen untersuchen. Dabei werden wir der Kreativität, die in diesem Prozeß steckt, besondere Aufmerksamkeit schenken. Hierzu ist es aber zunächst erforderlich, den kulturellen Kontext, in dem Filme heute produziert und rezipiert werden, näher zu bestimmen. Die aktuelle Debatte in der deutschen Filmkritik über die Kriterien und Ziele der professionellen Filminterpretation wird uns dabei als Ausgangspunkt dienen.

Kapitel 6

Der Film zwischen Kulturindustrie und Postmodernismus

Für die Filmsoziologie erweist sich – wie in der interpretativen Medien- und Kommunikationsforschung überhaupt (vgl. Müller-Doohm und Neumann 1989; Müller-Doohm 1990) – die Berücksichtigung der *kulturellen Dimension* nicht nur als unerläßlich, aus aktuellen Gründen rückt sie sogar ins Zentrum der Diskussion. So lassen sich am Gegenwartsfilm und an dessen Aneignung Merkmale aufzeigen, die nur durch die Transformation der Kultur und deren gesteigerter Bedeutung seit dem Zweiten Weltkrieg erklärbar sind und die es sinnvoll machen, ein analytisch sensibles Instrumentarium zu ihrer Analyse zu entwickeln.

Hierzu werden wir in einem *ersten* Schritt die gegenwärtig in Deutschland geführte Diskussion über Aufgaben und Ziele der Filmkritik analysieren, da sich an der unterschiedlichen Orientierung dieser *sekundären Texte,* die Bedeutungen und Lesarten von Filmen in Umlauf bringen, zwei typische Umgangsweisen mit Filmen deutlich machen lassen. Für die eine Fraktion von Kritikern ist der Film, abgesehen von wenigen Ausnahmen, Teil einer repressiven und homogenisierenden Massenkultur, deren Einfluß es zu brechen gilt. Für die anderen ist entscheidend, welche Erlebnisqualität Filme besitzen und wie sie „produktiv" in den Alltag der Rezipienten integrierbar sind.

In einem *zweiten* Schritt wird diese Differenz der Ausgangspunkt für die Bestimmung des veränderten Stellenwerts der Kultur in der heutigen Gesellschaft sein. Dabei werden wir der Analyse der gegenwärtigen Kultur als *postmodern* aus verschiedenen Gründen besondere Aufmerksamkeit schenken.

Die gegenwärtige Diskussion in der deutschen Filmkritik

Im Bereich der Kunst, in den Feuilletons, insbesondere in der Literatur- und Filmkritik, ist immer häufiger von der *Postmoderne* die Rede. In der Filmkritik, die ein fester und selbstverständlicher Bestandteil der Alltagskultur geworden ist, dient dieser Ausdruck sowohl zur Charakterisierung von Filmen als auch zur Bestimmung der Intentionen und Wertmaßstäbe von Filmkritikern. So wird in der aktuellen Diskussion (vgl. Grob und Prümm 1990) zwischen den älteren, der

Frankfurter Schule verpflichteten „kritischen Kritikern" (vgl. Eco 1984) und den sich an neuere postmoderne Autoren wie Jean Baudrillard oder Gilles Deleuze anlehnenden „Neuen Wilden" unterschieden. Während die ersteren normativ zwischen „schlechten" Filmen, die Produkte einer „Kulturindustrie" sind, und „guten" Filmen, die von einer künstlerischen Avantgarde hervorgebracht werden, differenzieren, hat für die „Neuen Wilden" diese Differenz kaum eine Bedeutung. Für sie ist ihr *Erlebnis* des Films Ausgangspunkt der Analyse und Kritik. Die Rezeption des Films wird zu einem Ereignis, das die Rezension im Medium der Sprache wiedergeben soll. Um verstehen zu können, wie die Kritiker zu solch unterschiedlichen Einstellungen kommen, ist es erforderlich, die gesellschaftliche Funktion, die sie der Filmkritik zumessen, genauer zu betrachten.

Für Gertrud Koch beispielsweise, die zur ersten Fraktion gehört, ist Filmkritik immer auch Gesellschaftskritik (Koch 1990, S. 143). Sie folgt hier dem der „Kritischen Theorie" nahestehenden Siegfried Kracauer, der bereits 1932 geschrieben hatte:

> „Kurzum, der Filmkritiker von Rang ist nur als Gesellschaftskritiker denkbar. Seine Mission ist: die in den Durchschnittsfilmen versteckten sozialen Vorstellungen und Ideologien zu enthüllen und durch diese Enthüllungen den Einfluß der Filme selber überall dort, wo es nottut, zu brechen." (Kracauer 1974, S. 11)

Während der Filmkritiker die Durchschnittsproduktionen kritisch betrachten solle, müßten die selten vorkommenden Filme, die „echte Gehalte bergen", einer „immanent-ästhetischen Betrachtung" unterworfen werden. Diese Auffassung ist einer der Bausteine der mit Kracauer beginnenden kritischen Filmkritik, die seit den sechziger Jahren durch die Einbeziehung strukturalistischer und formalistischer Verfahren ausgebaut wurde, an deren Grundkonzeption sich aber nichts Wesentliches geändert hat.

Die Generation jüngerer Filmkritiker, die von ihrer Lebensgeschichte her einen anderen Zugang zum Film hat und auch theoretisch andere Präferenzen ausgebildet hat, reagiert auf die Erben der Frankfurter Schule und ihre Ansprüche oft polemisch. So wirft Claudius Seidl (1990, S. 182) den „kritischen Kritikern" vor, daß sie sich „Bücher vor die Augen geschnallt haben". Den Vorwurf der Theorielastigkeit und der normativen Voreingenommenheit erhebt auch Andreas Kilb : „Die Frage, ob ein Film gut, schlecht oder mittel ist, interessiert mich wenig. Mich interessiert, was andere gesehen haben, was ich nicht oder anders gesehen habe" (Kilb 1990, S. 193). Nach seiner Ansicht soll die Filmkritik nicht belehren, indem sie z.B. die ideologische Struktur eines Films aufzeigt, sondern sie soll den Film so erzählen, daß sie die Ästhetik und die Emotionalität der Bilder einfängt.

„Das entspricht unserer Erfahrung, daß das Wesentliche am Kino sich durch Abstraktion nicht fassen läßt … . Unsere Kritik an den Rastern des akademischen Szientismus entspricht dem Affekt gegen Filme, die solchen Rastern sich anbequemen. Costa-Gavras' *Betrayed* oder Parkers *Mississippi Burning* stehen uns nicht näher als die mechanischen plots eines Hark Bohm oder Reinhard Hauff." (Kilb 1990, S. 195)

Was Kilb hier in bezug auf den ästhetischen Wert von Filmen formuliert, wird von der Gegenseite als postmoderne Beliebigkeit und Theorielosigkeit kritisiert. Während die „kritischen Kritikern" an der Vorstellung einer künstlerischen und politischen Avantgarde festhalten, sind den postmodernen Kritikern normative Kriterien verlorengegangen, ja sie lehnen sie sogar entschieden ab. Dafür hegen sie, als eine Generation, die mit dem Fernsehen aufgewachsen ist und so von klein auf engen Kontakt mit Filmen hatte, eine große Faszination für den populären Film, den sie nicht a priori theoretisch verurteilen. Somit setzen sie die Tradition der „politique des auteurs" fort.

Wie der größte Teil der Filmfans beurteilen sie die Filme nicht ideologiekritisch, sondern nach deren Gebrauchs- und Phantasiewert, d.h. nach dem, was sie mit dem Film realisieren können. Die „neuen Wilden" treten so für die „Lust am Text" (Barthes 1974) ein und damit für einen Umgang mit Filmen, der das Erlebnis und das Vergnügen betont. In dieser Position drückt sich ein großer, vielleicht allzu großer Respekt vor dem Zuschauer und dessen Interessen aus. Dieser wird nicht als Medienmarionette betrachtet, sondern als gleichberechtigter Partner in der Aneignung des Films. Damit wird in bezug auf die Aufgabe von Filmrezensionen die begriffliche Analyse von Filmen (und damit der Nachvollzug von deren Konstruktion) durch die erzählerische Vermittlung des Filmerlebnisses ersetzt.

Diese Kontroverse in der heutigen Filmkritik ist ein Indiz für die bereits erwähnten *kulturellen Veränderungen*. Einerseits ist sie ein Beispiel dafür, wie eine Gruppe von Spezialisten, die man als *neue Kulturvermittler* (Bourdieu 1982) bezeichnen kann, Lesarten, Werthaltungen und Praktiken, so den lustbetonten und erlebniszentrierten Umgang mit Filmen, in Umlauf setzt (vgl. Featherstone 1990, S. 218). Auf der anderen Seite wird deutlich, daß man es mit mehr als einer intellektuellen Mode des Kulturbetriebs zu tun hat. Denn es werden nicht nur die Kriterien der herkömmlichen Filmkritik in Frage gestellt, sondern auch die mit dieser verbundenen kulturtheoretischen Prämissen, insbesondere die binären und oft als elitär kritisierten Unterscheidungen zwischen Kulturindustrie und Avantgarde, Massenkultur und Kunst. Die „Neuen Wilden" unter den Filmkritikern verstehen sich nicht mehr als Kritiker der Massenkultur, sondern begreifen sich ohne Bedauern als Teil einer marktförmig organisierten Kultur, in der Filme und deren Kritiken als Waren, genauer als „Phantasie-Waren" (Kluge 1983, S. 96), gehandelt und „konsumiert" werden. Für die „kritischen Kritiker" jedoch stellt diese Position eine distanzlose Anpassung an die homogenisierenden und repressiven Verhältnisse einer kommerzialisierten Kultur dar. Ohne in diesem Streit als Schiedsrichter auftreten zu wollen, scheint es uns erforderlich zu sein, das Verhältnis von Film und „Massenkultur" genauer zu bestimmen.

Theorie der Kulturindustrie

Die theoretischen Grundlagen der „kritischen Kritiker" unter den Filmkritikern finden sich einerseits in den Arbeiten von Siegfried Kracauer, andererseits in der von Theodor W. Adorno und Max Horkheimer im amerikanischen Exil entwickelten Theorie der Kulturindustrie (vgl. Horkheimer und Adorno 1969), an der sie mit leichten Modifikationen auch in ihren späten Arbeiten in den sechziger Jahren noch festhielten (vgl. Horkheimer 1972; Adorno 1977a).

Diese Theorie, erschienen als ein wesentlicher Teil ihrer „Dialektik der Aufklärung", ist vielleicht das klassische Modell der Massenmedien als Instrumente der Manipulation und Kontrolle. Bis heute hat es nicht nur in der Filmkritik, sondern auch in der Medienkritik im allgemeinen und auch in Teilen der Medienforschung großen Einfluß. So schreibt Douglas Kellner: „ … bis heute kann es keine Medientheorie an Eindringlichkeit, Brillanz der Formulierung und provokativer Einsicht mit der klassischen kritischen Theorie der Kulturindustrie aufnehmen" (Kellner 1982, S. 507).

Der Begriff Kulturindustrie überrascht zunächst, da er scheinbar präsupponiert, daß Kultur industriell herstellbar sei. Adorno, dem man die Autorschaft an diesem Kapitel der „Dialektik der Aufklärung" zuschreibt, hat in einer späteren Arbeit den Begriff näher erläutert:

„Der Ausdruck Industrie ist dabei nicht wörtlich zu nehmen. Er bezieht sich auf die Standardisierung der Sache selbst – etwa die jedem Kinobesucher geläufige der Western – und auf die Rationalisierung der Verbreitungstechniken, nicht aber streng auf den Produktionsvorgang." (Adorno 1977a, S. 339)

Die dem Western als einem Genrefilm inhärente Standardisierung weise ihn als „Ware", aber gerade nicht als Kultur (im Sinne von Hochkultur) aus. Adornos Argumentation bedarf weiterer Erläuterungen: hinter der Begriffswahl „Kulturindustrie" versteckt sich nämlich auch eine dialektisch gemeinte Ironie. Denn die Bedeutung von Kultur ist nach der Auffassung von Adorno und Horkheimer durch ihre Verwandlung in Kulturindustrie in ihr Gegenteil umgeschlagen. Während authentische Kultur im Sinne von Hochkultur als Leistung eines schöpferischen Individuums in Opposition zur Industrie und zur Kommerzialisierung stehe, sei die Kulturindustrie im Gegensatz dazu ein wichtiges Instrument sozialer Integration in den fortgeschrittenen Industriegesellschaften, das deren Reproduktion sichere. Im Gegensatz zur Kunst, die die Belange und Interessen des Einzelnen gegen den übermächtigen Zwang der Gesellschaft verteidigte, würden die Medien der Kulturindustrie – Kino, Radio, Unterhaltungsmusik, Magazine etc. – mit ihren standardisierten und immergleichen Waren zur Manipulation und zur Kontrolle der Rezipienten verwandt.

Adorno und Horkheimer orientieren sich mit dieser Analyse der Kulturindustrie als ideologischem Arm des Kapitalismus eng an Marx. Kontrolliert von den Herrschenden, befestigt die Kulturindustrie deren Macht durch eine Manipulation des Bewußtseins der Rezipienten, die so ihr Vergnügen und ihre Zerstreuung mit einer Konsolidierung der bestehenden Verhältnisse bezahlen.

„Die Konsumenten sind die Arbeiter und Angestellten, die Farmer und Kleinbürger. Die kapitalistische Produktion hält sie mit Leib und Seele so eingeschlossen, daß sie dem, was ihnen geboten wird, widerstandslos verfallen." (Horkheimer und Adorno 1969, S. 120)

Das „von oben ergriffene" Amusement wird durch immer besser gemachte Waren zur gewünschten Freizeitbeschäftigung, zur industriell ermöglichten Regression. Auf diese Weise werde der Rezipient zur Passivität verdammt, was sich beispielsweise in der stummen Rezeption im Kino kundtue, bei der der Zuschauer in einer Position des „Nicht-Eingreifen-Könnens" keine eigenen Gedanken entwickeln solle.

„Das Vergnügen erstarrt zur Langeweile, weil es, um Vergnügen zu bleiben, nicht wieder Anstrengungen kosten soll und daher streng in den ausgefahrenen Assoziationsgleisen sich bewegt. Der Zuschauer soll keiner eigenen Gedanken bedürfen: das Produkt zeichnet jede Reaktion vor: nicht durch seinen sachlichen Zusammenhang – dieser zerfällt, soweit er Denken beansprucht -, sondern durch Signale." (Horkheimer und Adorno 1969, S. 123)

Auch in ihren späten Arbeiten hielten Horkheimer und Adorno an ihren

Diagnosen vom Massenbetrug und von der Degradierung der Rezipienten zu bloßen Objekten fest. So meinte Adorno 1966 in einer seiner wenigen Arbeiten über den Film: „Die Konsumenten sollen bleiben, was sie sind, Konsumenten; deshalb ist die Kulturindustrie nicht Konsumentenkunst, sondern verlängert den Willen der Verfügenden in ihre Opfer hinein" (Adorno 1977b, S. 361). Weiterhin sei der Film als Teil der Kulturindustrie gerade durch die „Negation von Stil" gekennzeichnet. Überdies war Adorno skeptisch, ob der Film – auch in seiner avancierten Form – überhaupt Kunst sein kann: da er primär auf die Abbildung von Wirklichkeit angewiesen sei, stelle er immer schon Gesellschaft dar, die unabhängig von ästhetischen Intentionen sei. „Keine Ästhetik des Films, auch keine rein technologische, die nicht seine Soziologie in sich einschlösse" (Adorno 1977b, S. 357). Deshalb könne im Film nie das ästhetische Material systematisch durchgearbeitet und der Film eine „absolute Konstruktion" werden, was das wesentliche Merkmal avancierter modernistischer Kunst sei.

Nach Adorno kann lediglich der Avantgardefilm unter der Bedingung Kunst sein, daß es ihm gelänge, jenseits eines erzählerischen Realismus die Erfahrung des inneren Monologs wiederherzustellen (Adorno 1977b, S. 355). So wie einem Reisenden am Abend die erlebten Landschaftsbilder wieder in den Sinn kommen, müßten Kunstfilme aus montierten, diskontinuierlichen Bildern bestehen, die gerade nicht in eine lineare, zeitliche Abfolge gebannt seien.

Adorno und den Idealen der modernistischen Kunst folgend, schließen die „kritischen Kritiker" an die Dichotomisierung von avancierter Kunst und Kulturindustrie an, was nicht bedeutet, daß sie mit Adornos Vorstellungen von einem Avantgarde-Film und mit seinen Überlegungen zum Film einverstanden sind.

Kritik an der Theorie der Kulturindustrie

Auch der Regisseur und Adorno-Schüler Alexander Kluge übt an Adornos Filmverständnis Kritik. So meint er z.B., daß Adorno sich nicht angemessen mit der Ware Film auseinandergesetzt habe, sondern lediglich „eine Propagandamaschine eines Verleihsystems Hollywood, eine mittels der Werbung hergestellte Erscheinung kritisiert" (Kluge 1989, S. 112). Er versäume es aus einer „inneren Verachtung für Bilder und den Film" heraus sich systematisch mit Filmen zu beschäftigen, die er nur als Teil eines riesigen Systems der Kontrolle in den Blick bekäme. So entgehe Adorno, daß auch die von ihm geschmähten Genrefilme, bei denen der Zuschauer infolge seiner Seherfahrung ganz bestimmte Erwartungen hegt, auf plötzlichen Überraschungen und neuen Erfahrungen aufbauen. „Die Menschen sind nicht industrialisierbar. Deshalb sind es die sich auf Film richtenden Bedürfnisse, Präsenzen im Alltag, Verkäuflichkeiten und die wesentlichen Teile des Herstellungsverfahren auch nicht" (Kluge 1983, S. 40).

Auch die Auffassung, daß populäre Filme als Teil der Kulturindustrie wiederholend und in eindimensionaler Weise die Ideologien der bestehenden Gesellschaft reproduzierten, läßt sich gerade am Beispiel bestimmter neuerer Hollywoodfilme bestreiten. An einem Science Fiction-Film wie RUNNING MAN (1987) beispielsweise läßt sich zeigen, daß er gerade die monolithische Manipulierung von Gesellschaften zum Thema macht und kritisiert.

Nach der Theorie der Kulturindustrie, die einen undurchdringbaren Verblendungszusammenhang unterstellt, ist gerade dies nicht möglich. Daran anknüpfend läßt sich bezweifeln, daß die Veränderung der Inhalte und Formen der Mainstreamfilme seit den vierziger Jahren wirklich „eine Reproduktion des Immergleichen" und den „Ausschluß des Neuen" bedeutet (Horkheimer und Adorno 1969, S. 160). Die Homogenität der zur Massenkultur gewordenen Kulturindustrie, die Adorno, die Genrefilme der 30er und 40er Jahre vor Augen, beschrieb, ist heute angesichts einer differenzierten und pluralisierten Kultur nicht mehr gegeben (vgl. Eco 1985; Welsch 1987; Winter und Eckert 1990).

Der Theorie der Kulturindustrie fehlt eine historische Differenzierung (Kellner 1982; Habermas 1985; Erd 1989). So ist Douglas Kellner (1982) der Auffassung, daß Adorno und Horkheimer Erfahrungen der Weimarer Zeit, des Faschismus und des New Deal unterschiedslos verallgemeinerten und ihre Theorie deswegen ahistorisch sei. Die Vorstellung, daß fast alle kulturellen Aktivitäten kontrolliert und organisiert würden, ähnelt nämlich sehr stark der Staatsvision, die Fritz Lang in seinen Filmen der zwanziger Jahre, insbesondere in METROPOLIS (1926), entworfen habe. Der Staat ist dort als riesiges, kreisförmiges Grand Hotel dargestellt, in welchem die bösen kapitalistischen Bosse im Obergeschoß, die Arbeiter im Untergeschoß wohnen. Diese visionäre Vorwegnahme der totalitären Verhältnisse in Deutschland läßt sich auf die heutigen Industriegesellschaften aber nicht einfach übertragen. Die Menschen sind dem System der Kulturindustrie nicht bedingungslos unterworfen und so zur Passivität verdammt. Dieser Analyse „entgehen die Widersprüche im Bereich von Bewußtsein, Politik und Alltag sowie die gesellschaftlichen und individuellen Krisen, die diese vermeintliche Einheit und unverbrüchliche Integration un-

terminieren" (Kellner 1982, S. 508). Adorno hat freilich seine Theorie
später leicht nuanciert. So schreibt er, daß nur ein „tief unbewußtes
Mißtrauen" die Konsumenten davor schützen kann, die Welt so zu sehen und zu akzeptieren, wie sie von der Kulturindustrie dargestellt
wird (Adorno 1977a, S. 344).

Ferner schließen Horkheimer und Adorno in der „Dialektik der
Aufklärung" zu schnell von den Produkten der Kulturindustrie auf die
Reaktionen der Konsumenten. Selbstkritisch stellt Adorno später fest,
daß die Kulturindustrie nicht einfach Massenkultur sei: „ … die Identität von beidem [ist] nicht so über jedem Zweifel, wie der Kritische
denkt, solange er auf der Produktionsseite verbleibt und nicht die Rezeption empirisch überprüft" (Adorno 1977b, S. 361). Die Vorstellung
einer monolithischen Manipulation bleibt eine These, solange sie
nicht empirisch überprüft wird. Adorno räumte sogar ein, daß die
Ideologie der Kulturindustrie „keineswegs automatisch das sein" müsse, „was in die Zuschauer eindringt" (Adorno 1977b, S. 356).

Am Beispiel des Films läßt sich zeigen, daß Adornos späte Revi-
sion sinnvoll ist und durch heutige Entwicklungen bestätigt wird. So
hat die bisherige Diskussion der Aneignung von Filmen gezeigt, daß
verschiedene Individuen und soziale Gruppen mit unterschiedlichen
Interpretationen, Reaktionen und Aktivitäten auf Filme reagieren. Da
die Theorie der Kulturindustrie über kein Modell der Dekodierung
verfügt, kann sie gerade nicht erfassen, wie Filme in den Welten der
Rezipienten zu Texten mit je spezifischen Bedeutungen werden und
unterschiedliche Formen des Vergnügens entfalten.

In diesem Zusammenhang wird auch die theoretische Nähe der
Theorie der Kulturindustrie zur bereits erwähnten psychoanalytisch-
marxistisch orientierten Filmwissenschaft deutlich. Im Anschluß an
Lacan und die an Marx orientierten Arbeiten von Louis Althusser gehen diese Theoretiker davon aus, daß das Kino als ein ideologisches
Instrument die Funktion habe, Subjekte hervorzubringen, die die Rol-
len spielen und die Werte übernehmen, die für die Aufrechterhaltung
der kapitalistischen Ordnung wichtig seien. Insbesondere der populäre Film transportiere die herrschende Ideologie und „positioniere" den
Rezipienten als deren Effekt:

„Because every film is part of the economic system it is also part of the ideological system, for cinema and art are branches of ideology. None can escape,
somewhere, like pieces in a jigsaw puzzle all have their allotted place." (Comolli und Narboni 1976, S. 24)

Die Kritik an der Theorie der Kulturindustrie läßt sich an dieser Version des Marxismus fast identisch wiederholen. Denn die Vorstellung von der Kultur als bloßer Spiegelung des Kapitalismus und Mittel zu seiner Aufrechterhaltung scheitert in der Erfassung von deren Bedeutung und Funktion in der heutigen Gesellschaft. So ist John Fiske zuzustimmen, wenn er formuliert:

„The power of the people to make their culture out of the offerings of the culture industry is greater than either of these schools of thought realized, and so too is their power to reject these offerings of the culture industry which do not offer them that opportunity. It is the audiences who make a program popular, not the producers." (Fiske 1987a, S. 93)

Erst die Aneignung der polysem strukturierten Filme durch die Zuschauer entscheidet darüber, ob und welche Funktion sie gewinnen. Denn die Kommerzialisierung der Kultur wird von einer Dezentrierung und Pluralisierung kultureller Aktivitäten begleitet, in der neue Möglichkeiten stecken und deren Bedeutung noch nicht ausgemacht ist (vgl. Featherstone 1991). Der „Konsum" kultureller Güter, von Träumen, Bildern und Vergnügen ist die postmoderne Erfahrung schlechthin, deren Wert, folgt man den „Neuen Wilden" unter den Filmkritikern, sich primär an den ästhetischen Erfahrungen und sinnlichen Erlebnissen der Rezipienten messen läßt. Scott Lash (1990b) hat den Unterschied zwischen einer an Adorno orientierten modernistischen (die Position der „kritischen Kritiker") und einer postmodernistischen Ästhetik (die „Neuen Wilden") folgendermaßen beschrieben:

„Modernism presupposes an Adornian production aesthetics, in which power lies in the hands of the (avant-garde) producers of cultural goods. Postmodernism is not only homologous to consumer capitalism, but lodges power in the consumers of cultural goods. Postmodern aesthetics are thus reception aesthetics and this entails the absence of avant-gardes." (Lash 1990b, S. 68)

Die Differenzierung zwischen authentischer ästhetischer Erfahrung und massenkulturellem Konsum ist der Produktion und Aneignung von Filmen unter postmodernen Bedingungen deshalb nicht mehr angemessen.

Soziologie der postmodernen Kultur

Wie läßt sich nun die postmoderne Kultur näher beschreiben und vor allem: welche Bedeutung hat sie für den Gegenwartsfilm und dessen Rezeption?

Diskursiv versus figural

In seinem Buch „Sociology of Postmodernism" (1990a) unterscheidet
Lash zwischen zwei Formen von kultureller Sensibilität: der *modernistisch diskursiven* und der *postmodernistisch figuralen* Sensibilität
(Lash 1990a, S. 175ff.). Für die erstere sind folgende Merkmale charakteristisch:

(1) Worten wird gegenüber Bildern Priorität eingeräumt; (2) die formalen Qualitäten eines kulturellen Objekts genießen eine hohe Wert-
schätzung; (3) es wird eine rationalistische Auffassung der Kultur
vertreten; (4) den Bedeutungen eines kulturellen Textes wird besondere Aufmerksamkeit geschenkt; (5) es herrscht eher eine Sensibilität
des „Ichs" als des „Es" im Freudschen Sinne; (6) die Distanz zum kulturellen Objekt ist für dessen Rezeption die Voraussetzung.

Im Gegensatz dazu lassen sich die Besonderheit der *figuralen Sensibilität* so beschreiben:

(1) Sie ist eher visuell als literarisch geprägt; (2) sie wertet den For-
malismus bzw. die Konstruktion in der Kunst ab und nimmt ihr „Material" aus der Alltagswelt (z.B. in der Pop Art); (3) sie stellt
rationalistische und/oder „didaktische" Auffassungen der Kultur in
Frage; (4) ihr Interesse gilt weniger dem, was ein Text bedeutet, als
dem, was er „macht"; (5) sie verteidigt das Eindringen des Primärpro-
zesses (im Freudschen Sinne) in den kulturellen Bereich; (6) sie prä-
feriert die Versenkung des Zuschauers in das jeweilige Kulturerlebnis
durch die relativ unmittelbare libidinöse Besetzung des kulturellen
Objekts.

Es fällt leicht, diesen beiden von Lash konstruierten Idealtypen die
Positionen der „kritischen Kritiker" und der „Neuen Wilden" zuzu-
ordnen. Die jeweilige Sensibilität der Filmkritiker ist aber nur ein Element eines diskursiven bzw. figuralen Regimes der Bezeichnung
(„regime of signification"). Darunter versteht Lash (1990a, S. 4ff.)
eine Art Paradigma, das den kulturellen Gegenständen in der räumlichen und zeitlichen Dimension eine je spezifische Gestalt verleiht. Ein
Regime der Bezeichnung setzt sich aus der spezifischen Art, Bedeutungen zu übermitteln (dem Signifikationsmodus), und der kulturellen
Ökonomie, die aus vier Bereichen besteht, zusammen: (1) bestimmte
Produktionsverhältnisse von kulturellen Gütern; (2) bestimmte Bedingungen der Rezeption; (3) ein bestimmter institutioneller Rahmen, der
zwischen Produktion und Rezeption vermittelt (in unserem Fall z.B.
die Filmkritik); (4) eine bestimmte Art und Weise, in der kulturelle
Güter zirkulieren (Kino, Fernsehen, Video).

Mit diesem Modell möchte Lash also sowohl die textuellen Aspekte von kulturellen Objekten als auch die Bedingungen ihrer Produktion und Rezeption erfassen. Dabei kann ein Regime der Bezeichnung alle Arten von Kulturgütern umfassen: die Architektur, die Malerei, die Literatur, den Film, die Musik etc. Für die postmoderne Situation (Lyotard 1986) ist die gleichzeitige Präsenz heterogener Stile kennzeichnend. Es gibt postmodernistische, modernistische, aber auch anti-modernistische Kulturgüter. Im folgenden werden wir uns vor allem den postmodernistischen unter ihnen zuwenden.

Entdifferenzierung als typisches Merkmal
des postmodernen Wandels

Nach Lash läßt sich die postmoderne Kultur primär durch Phänomene der *Entdifferenzierung* charakterisieren. Diese betrefffen sowohl die kulturelle Ökonomie als auch den Signifikationsmodus. Im folgenden werden wir diese These vor allem durch Beispiele aus dem Bereich des Films veranschaulichen.

Erstens verlieren die kulturellen Bereiche, so der ästhetische, der theoretische und der moralisch-politische, die Autonomie, die sie noch in der modernen Kultur hatten. Dadurch sind die erzeugten kulturellen Güter „Mischformen". Beispiele hierfür sind philosophische oder soziologische Texte, die die Grenzen zur Literatur überschreiten, so einige Arbeiten von Jaques Derrida oder Jean Baudrillard. In diesem Zusammenhang gehört auch die Beobachtung von Gilles Deleuze, daß die großen Autoren des Films den Denkern ihrer Epoche gegenübergestellt werden können (Deleuze 1989, S. 11). Was die letzteren mit Begriffen ausdrücken, versuchen die ersteren mit Bildern zu zeigen. In diesem Sinne wird in den avancierten Filmen die Grenze zum philosophischen oder soziologischen Diskurs überschritten.

Zweitens gilt:

„the cultural realm is no longer ‚auratic‘, in Benjamin's sense; that is, it is no longer systematically separated from the social. This has to do with the partial breakdown of the boundaries between high and popular culture and the concomitant development of a mass audience for high culture." (Lash 1990a, S. 11)

Diese These läßt sich besonders gut am Film veranschaulichen. Benjamin hatte bereits in den dreißiger Jahren gezeigt, daß eine nicht-auratische Kunst darstellt. Dies ist zum einen darin begründet, daß es bei Filmen keine Originale gibt (Benjamin 1980). An der Entwicklung des

Western- und Horrorfilms haben wir gezeigt, daß bestimmte Muster
über einen Zeitraum hinweg ständig wiederholt und variiert werden,
es aber keinen Primärtext, keinen eigentlichen Ursprung des Genres
gibt, von dem die anderen Filme nur Kopien sind.

Zum anderen wird vom Zuschauer gewöhnlich keine kultische
Verehrung, sondern eine Beurteilung des Films erwartet: „Der Film
drängt den Kultwert nicht nur dadurch zurück, daß er das Publikum in
eine begutachtende Haltung bringt, sondern auch dadurch, daß die begutachtende Haltung im Kino Aufmerksamkeit nicht einschließt"
(Benjamin 1980, S. 505). Die Rezeption findet nämlich nach Benja-
mins Ansicht in der *Zerstreuung* statt. Schließlich drängt zusätzlich
die Integration des Films in alltägliche Lebensbereiche mittels Fernsehen und Video auratische Qualitäten in den Hintergrund.

Drittens läßt sich im Bereich der kulturellen Ökonomie eine Entdifferenzierung beobachten. Für die Produktionsseite weist Lash auf
das „Verschwinden des Autors" (Foucault), sein Aufgehen im kulturellen Produkt hin. Beispiele hierfür sind die Videokunst oder die Per-
formancekunst von Laurie Anderson oder Bruce MacLean. Für das
Kino ist an Filme zu denken, die voller Zitate aus anderen Filmen sind,
die eine eigene Handschrift des Regisseurs im Sinne der „politique des
auteurs" höchstens in der Zitatkombination erkennbar machen. Das
Kino von Brian De Palma, der oft als Hitchcock-Epigone bezeichnet
wird, hat solche postmodernistischen Züge. DRESSED TO KILL (1980)
oder BODY DOUBLE (1984) sind ohne Hitchcocks PSYCHO (1960) oder
VERTIGO (1958) nicht denkbar, aber trotzdem eigenständige Filme.

Viertens kommt es zu einer Entdifferenzierung von Produktion
und Konsumtion. Lash führt beispielweise das seit Mitte der sechziger Jahre beobachtbare Bemühen von Theatern an, das Publikum in
die Aufführung miteinzubeziehen. Ein weiteres Beispiel sind die – in-
zwischen aus der Mode gekommenen – Happenings. Für den Bereich
des Films lassen sich ähnliche Phänomene nachweisen. So verlangen
insbesondere postmoderne Filme einen kompetenten Rezipienten, der
die intertextuellen Bezüge und Anspielungen und damit die in den
Film eingelassenen Bedeutungsebenen dekodieren kann. Der Zuschauer fabriziert sich so seinen eigenen Film, der von dem seines
Nachbarn im Kinosaal verschieden sein kann. Auch für Genrefilme
gilt, daß sich ein rechtes Vergnügen erst dann einstellt, wenn man deren Konventionen und damit die potentiellen Möglichkeiten des Vergnügens kennt.

Auch die postmodernistische Position der „Neuen Wilden" führt zu
einer Entdifferenzierung, da sie versuchen, ihr unmittelbares Erlebnis

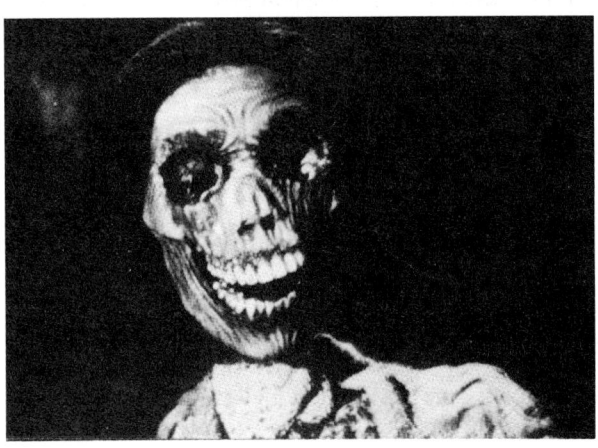

des Films bei Verzicht auf normative Kriterien in der Kritik wiederzugeben. Die Kritik soll eine Neuschöpfung des Films im Bereich der
Sprache sein. Damit unterlaufen sie sowohl die Unterscheidung zwischen Film und Kritik als auch die zwischen Kritik und Zuschauern.
Für die modernistisch orientierten „kritischen Kritiker" ist dagegen die
theoretische Distanz sowohl zum Film als auch zu den gewöhnlichen
Rezipienten Voraussetzung für die begriffliche Analyse des Films.

Fünftens kommt es auch zu einer Entdifferenzierung auf der Ebene
der Darstellung, d.h. im Signifikationsmodus. Der Postmodernismus
problematisiert die Unterscheidung bzw. das Verhältnis von Signifikant und Referent, von Darstellung und Wirklichkeit (Lash 1990a, S.
12). Eine Ursache hierfür ist, daß unsere Alltagswelt immer mehr von
Medien durchdrungen ist. So wird ein immer größerer Teil der Frei-
zeit in medial vermittelten Welten verbracht. Die Transformation des
Alltags durch audiovisuelle Medien führt dazu, daß die Übermittlung
von Bedeutung immer mehr mittels Bildern erfolgt, wobei das Kino
eine wichtige Komponente in diesem Prozeß ist:

„Cinema, taken generically, signifies in a de-differentiated manner. No other
form of cultural representation – not painting, nor literature nor music nor
even television – can signify quite as figurally as can cinema. That is, cinematic signification, especially in the age of high technology and 30-million-
dollar film, comes closer than other forms of signification to resemblance to
reality." (Lash 1990a, S. 186)

Die Entdifferenzierung, die durch den hohen „Wirklichkeitskoeffizi-
ent" (Bazin) bedingt ist, wird dadurch verstärkt, daß aus der Öffent-
lichkeit ausgegrenzte Verhaltensweisen wie Aggression und Sexualität
selbstverständliche Elemente der Bilderwelten des Films sind. Oben-
drein ist in vielen Filmen die Sexualität das strukturierende themati-
sche Prinzip. Deshalb ist der Film wie auch die zur gleichen Zeit
entstandene Psychoanalyse ein Diskurs der Sexualität im Sinne von
Foucault (1977). Weiterhin kann das Filmerlebnis, vor allem im Kino,
eng mit unbewußten Prozessen, insbesondere mit der Erfahrung des
Träumens zusammenhängen.

Die bisherige Diskussion macht deutlich, daß sich für die These eines kulturellen Wandels durch Entdifferenzierung viele Beispiele,
insbesondere aus dem Bereich des Films, finden lassen. Auf dieser Basis hat Lash eine Typologie des Gegenwartsfilms entwickelt. Der
„Screen-Theorie" folgend, beschränkt er sich aber auf die Analyse der
Filmtexte und leitet davon die „Positionierung" der Zuschauer ab. Da
wir dieses Vorgehen in der Filmsoziologie für problematisch halten,

werden wir seine Analyse durch die Diskussion des polysemen Gehalts der Gegenwartsfilme und im nächsten Kapitel durch die Analyse konkreter Aneignungsformen von Filmen ergänzen.

Die Formen der Signifikation im Film

Die „Bildermaschine" Kino kann Bedeutungen, Begehren und Phantasien grundsätzlich anders artikulieren, als dies mit Worten möglich ist (vgl. De Lauretis 1984, S. 8). Lash arbeitet nun heraus, daß sich seit Mitte der sechziger Jahre die auf Bilder zentrierte figurale Tendenz verstärkt hat (Lash 1990a, S. 186f.). Im Anschluß an Mulvey (1980) analysiert er das Verhältnis von Erzählung und Spektakel, um die Art dieser Veränderungen genauer bestimmen zu können. Unter die Kategorie des Spektakels fallen libidinös besetzbare Darstellungen wie Frauenbilder, Gewaltszenen, Klamaukeinlagen etc. Er unterscheidet zunächst zwischen dem *realistischen Erzählkino* und dem *postmodernen Mainstream-Kino.*

Für das *realistische Erzählkino* ist typisch, daß die Filme von der Erzählung her eine geschlossene Struktur haben. Der Film beginnt mit einer Störung des status quo, die am Ende des Films beseitigt ist. Die Lösung schließt die Kette der Ereignisse und bringt sowohl die Erzählung als auch den Zuschauer in den Zustand eines endgültigen Gleichgewichts. Es gibt keine ungeklärten Ereignisse, alles, auch die psychologische Motivation der Figuren und ihrer Handlungen, ist logisch aufeinander bezogen und der Erzählung untergeordnet. Da der realistische Erzählfilm beim Zuschauer den Eindruck zu erwecken versucht, „Wirklichkeit" zu sein, läßt er sich leicht „verstehen". Dieser Eindruck wird durch die Kamerabewegungen unterstützt, mittels derer die optische Illusion eines Raumes hergestellt wird (vgl. Heath 1981, S. 28ff.). Das Spektakel, so die Darstellung von Frauen oder Gewaltszenen, ist Teil der Erzählung und gewinnt keine davon ablösbare Bedeutung.

Dagegen ist für das *postmodernistische Mainstream-Kino* kennzeichnend, daß das Spektakel nicht mehr der Erzählung – wie im realistischen Erzählkino – untergeordnet ist, sondern diese zu dominieren beginnt. Als Beispiele für diesen Wechsel führt Lash an:

"Spaghetti Westerns … , in which narrative structure is violated by the presence of events which are interchangeable or gratuitous, by films like Scorsese's Mean Streets which resolutely refuse to end. This tendency was reinforced in the mid and late 1980s in which the blockbuster box office hits have been, for example, the Indiana Jones films and Ghostbusters and the Stallone and

Schwarzenegger films which have catered especially to an audience in their
early teens, and use plot as an excuse for a succession of spectacular events."
(Lash 1990a, S. 188)

Weitere Beispiele für Spektakelfilme sind der Kung Fu-Film, der neue
Horrorfilm mit seinen hyperrealistischen Darstellungen der Zerstörung des menschlichen Körpers und der pornographische Film, in dem
der Körper ebenfalls als Spektakel inszeniert und die Erzählung, wenn
überhaupt vorhanden, die zwanghafte Wiederholung von Sexualakten
einrahmt.

Die verschiedenen Spektakel wie Sexualität, Gewalt, Musik- und
Klamaukszenen brechen die Linearität der Handlung auf und erzeugen
Diskontinuitäten, Widersprüche und Spannungen zwischen den einzelnen Textsegmenten. Deshalb sind viele postmoderne Filme seg-
mentiert und inkohärent gestaltet. Ferner verfügen sie über keine
textuelle Vereinheitlichung wie die Filme des klassischen Hollywoodkinos. So ist ROCKY IV (1986) auf einer Ebene die Inszenierung eines
Freund-Feind Mythos. Bei näherer Betrachtung zeigt sich jedoch, daß
dieser Mythos sehr vage bleibt und nicht die strukturierende Kraft des
Films ist. „But even more striking in the film is its incoherence, the in-
ability of all its elements to have anything to do with this dominant
myth" (Polan 1988, S.53f.). Gerade diese textuelle Inkohärenz und die
damit verbundene Polysemie erlaubt dem Rezipienten jedoch Deutungen des Films, die von der realistischen Interpretationsstrategie abwei-
chen und eher assoziativen, unbewußten Wegen folgen. Der Rezipient
eines postmodernen Films muß daher weniger diszipliniert sein als der
eines traditionell realistischen Films.

Allerdings sprechen viele dieser Filme auch die diskursive Kompetenz, die Medienliteralität der Rezipienten, an. Um Filme wie BAT-
MAN (1989) oder DICK TRACY (1990) richtig genießen zu können,
muß man sowohl viele Filme gesehen als auch viele Comics gelesen
haben. Bei aufwendig gemachten Remakes wächst das Vergnügen automatisch, wenn man die Vorlage kennt und die Veränderungen, die
neue Sinnebenen hervorbringen, erkennen und bewerten kann. Ferner
enthält ein Teil dieser Filme, was Lash nicht berücksichtigt, Bedeutungsebenen, auf denen auch gesellschaftskritische Themen artikuliert
werden. So werden insbesondere in Science Fiction-, in Gerichts- und
in „Journalisten-Reporter-Filmen" auf selbstreflexive Weise die
„Selbstdarstellungen" der Gesellschaft kritisiert. Beispiele hierfür
sind MAD MAX I (1978), NACHRICHTENFIEBER (1987), KILLING
FIELDS (1984) oder DAS DRECKIGE SPIEL (1988). „These texts chal-
lenge the viewer to critize the distorted versions of their cinematic so-

ciety that the various dream factories in America offer up to them on a regular basis" (Denzin 1991, S. 130). Auch Filme wie POLICE ACADEMY (1983), SUSAN... VERZWEIFELT GESUCHT (1985) oder EINE GEFÄHRLICHE FREUNDIN (1987) ermöglichen unterschiedliche Lesarten, da sie vom Widerspruch zwischen Ordnung und Anarchie leben und verschiedene bzw. in sich widersprüchliche Welten in einem Film repräsentieren.

Aber nicht nur im Mainstream-, auch im Kunstkino breiten sich postmodernistische Tendenzen aus, die den Anspruch der modernistischen Avantgarde, ein politisch wirksames Gegenkino zu sein, in Frage stellen.

Exkurs: Der modernistische Avantgardefilm

An Brecht und Eisenstein orientiert, war für modernistisch diskursiv orientierte Regisseure des Gegenkinos wie Godard, Straub/Huillet oder Oshima vor allem in den sechziger und frühen siebziger Jahren kennzeichnend, daß sie durch die Entwicklung neuer Techniken die Konventionen des realistischen Erzählfilms offenlegen wollten. Durch eine radikale Transformation der Ausdrucksmittel sollte eine Reihe neuer Bedeutungen geschaffen werden. Peter Wollen (1981) hat folgende Unterschiede zwischen dem Gegen- und dem realistischen Mainstreamkino herausgearbeitet:

(1) Im realistischen Mainstreamkino folgt die Erzählung einem linearen Entwicklungsmuster. Dagegen wird beispielweise in Filmen von Godard der Handlungsfluß durch Unterbrechungen, Abschweifungen und durch das Fehlen unmittelbar einsichtiger Verbindungen gestört. Dem Zuschauer werden so gewohnte emotionale Stützen entzogen.

„Der kontinuierlichen Inszenierung einer illusorischen Realität setzt Godard eine diskontinuierliche Abfolge von Bildern, Tönen, Buchstaben entgegen. Der Film wird nicht länger als Organismus konzipiert, sondern als ein ausufernder Fluß verschiedener Ausdrucksformen." (Kurzawa 1981, S. 109f.)

(2) Im Gegenkino wird der Prozeß der Identifikation auf mancherlei Art gestört. So führen die Schauspieler sich persönlich oder in ihrer Rolle im Film ein, indem sie das Publikum direkt ansprechen. Im Verlauf des Films richten sie an die Zuschauer Fragen wie z.B.: „Was passiert als nächstes?" oder: „Warum ist das jetzt passiert?"

(3) Während im Mainstreamkino die Zeichenpraxis des Films verborgen wird, um den Wirklichkeitseindruck zu steigern, wird bei Go-

dard z.B. die Aufmerksamkeit auf die Bedeutungsproduktion gelenkt und diese dekonstruiert. So spielen in fast allen seiner Filme graphische Ausdrucksmittel (Plakate, Graffiti, Flugblätter, Postkarten, Untertitel, Zwischentitel etc.) eine zentrale Rolle. In RETTE SICH WER KANN (DAS LEBEN) (1980) werden die beiden Titel im Film als Zwischentitel eingesetzt. Sie sind der Anfang einer Serie von Schriftzeichen, die den Fluß der Erzählung und der Bilder unterbrechen. Als Zwischentitel stellen sie einen Kommentar zu den Bildern dar. In UNE FEMME MARIEE (1964), einem Film, der in der Art von Werbespots fotografiert ist, soll die Politik der Bilder im Kapitalismus aufgedeckt werden. Auf die Kommerzialisierung der Bilder gibt Godard eine Antwort im Sinne Adornos:

„Godard's devotion to montage, the insistence on the heterogeneity of the visual field, is the only response to a system which decrees that the order of money determines the order of the image." (MacCabe 1980, S. 45)

(4) Die einheitliche, in einem konsistenten Raum- und Zeitgefüge spielende Hollywooderzählung wird durch eine zusammengesetzte Pluralität von Erzählungen aufgelöst. So wird in WEEKEND (1967) beispielsweise die Zeitchronologie aufgebrochen, indem in die Handlung Personen aus unterschiedlichen Epochen und Kulturen eingeführt werden.

(5) Eine weitere Differenz, die Wollen anführt, ist die zwischen geschlossener und offener Form:

„Instead of the self-contained, closed text organised under the sign of the filmmaker's unifying vision that characterises the mainstream, counter-cinema opens out onto an intertextual field where different discourses and voices encounter each other and conflict, with the result that it can no longer be read as expressive of the author's intention." (Lapsley und Westlake 1988, S. 193)

(6) Im Gegenkino, so z.B. bei Straub/Huillet, wird das Vergnügen, das Hollywoodfilme gewähren, dadurch zerstört, daß dem Zuschauer die Produktion von Bedeutung im Film deutlich vorgeführt wird (Wollen 1981, S. 89). Die Folge ist Langeweile und Unbehagen. Diesen letzten Punkt betrachtet Wollen wegen der Ablehnung von Vergnügen und Phantasie in der Rezeption sehr kritisch. So weist er darauf hin, daß gerade in der revolutionären Kunst Phantasie und Begehren eine zentrale Rolle spielen sollten.

(7) Schließlich wird im Gegenkino der fiktionale Charakter des traditionellen Kinos als Mystifikation und Ideologie kritisiert.

Der Vergleich mit dem realistischem Erzählkino zeigt, daß das avant-gardistische Gegenkino auf eine Denaturalisierung des traditionellen Films abzielt. Deshalb wird dessen Zeichenpraxis aufgedeckt. Auf diese Weise wird herausgestellt, daß die gewohnte „Sprache" des Mainstreamkinos nicht die einzig verfügbare Sprache ist. So meint Godard: „Unfortunately cinema is a language but I try to destroy that language, to make films that do not take any account of that language" (Godard nach Lapsley und Westlake 1988, S. 194).

Das Zitat von Godard weist auch auf die Grenzen des Gegenkinos hin. Durch die Verletzung der Regeln, Normen und Konventionen des realistischen Erzählfilms und damit der Erwartungen der Zuschauer spricht es nur eine Minderheit an. Das Aufdecken der diskursiven Struktur impliziert zudem das Lernen neuer Regeln, um mit der Vielsinnigkeit des Avantgardetextes, seiner offenen Struktur, umgehen zu können. Für den größten Teil der Zuschauer sind die Filme wegen dieser intellektuellen Anforderungen nicht „anschlußfähig" und in ihrer Bedeutung nicht verstehbar. Außerdem sind nur wenige, um belehrt werden zu können, dazu bereit, das emotionale Vergnügen gegen ein intellektualistisches Unbehagen einzutauschen. Die modernistische Produktionsästhetik, die das Gegenkino prägt, hat deshalb nicht den erhofften Erfolg gehabt.

Unter postmodernen Bedingungen ist auch aus anderen Gründen die Möglichkeit einer echten Gegenkultur nicht mehr gegeben (vgl. Huyssen 1981). So hat der Prozeß der Institutionalisierung die Avant-gardekunst in die offizielle Kunst der Galerien und Filmfestivals verwandelt. Dadurch wird die vorher politisch verbürgte Abgrenzung von anderen künstlerischen Praktiken schwieriger. Ursprüngliche Avantgardetechniken wie die Montage, die Selbstreflexivität oder die Diskontinuität werden vom Mainstreamkino bzw. vom Fernsehen, von Musikvideos oder der Werbung übernommen, ohne daß damit die ursprüngliche Absicht der Distanzierung und Aufklärung erhalten bliebe. Der damit verbundene Pluralismus von Stilen und Techniken, der die heutigen Filme kennzeichnet, ist nicht mehr durch Innovation gekennzeichnet, sondern durch das Pastiche (vgl. Jameson 1986, S. 61ff.). Selbst Godards heutige Filme leben von dieser Imitation ohne Original, so NOUVELLE VAGUE (1990). Für die heutigen avancierten Kunstfilme, die auf die veränderte kulturelle Situation reagieren, ist daher eher der Begriff Transavantgarde angemessen. Lash (1990a, S. 191) spricht vom ‚Transgressiven' Postmodernistischen Kino, das wie der Mainstreamfilm figural angelegt ist und das Spektakel bevorzugt. Die Darstellung von Gewalt in Filmen von David Lynch oder die

Metamorphosen, die Körper in Filmen von David Cronenberg durchmachen, sind hierfür herausragende Beispiele.

Das postmodernistische Kunstkino hat aber auch eine kritische Dimension. Diese besteht nicht in der Problematisierung der Zeichenpraxis, d.h. der *Darstellung von Wirklichkeit,* sondern in der Problematisierung der *Wirklichkeit selbst,* ihrer durch postmoderne Bedingungen konstituierten Beschaffenheit. Lash veranschaulicht dies durch einen Vergleich mit STRANGER THAN PARADISE (1984) von Jim Jarmusch, einem modernistisch orientierten Kultfilm.

„In this Jarmusch does not follow the cinematic norm of letting a sequence develop to a climax and then cutting to another sequence. Instead he lets the sequence continue until long past its climax, after which the camera unduly lingers on the characters sitting around, being bored." (Lash 1990a, S. 192)

Jarmusch versucht hier die Aufmerksamkeit des Zuschauers auf die filmischen Konventionen und damit auf die Zeichenpraxis des Films zu lenken. Postmodernistische Filme wie DIVA (1980) oder WILD AT HEART (1990) dagegen problematisieren die Beschaffenheit der Wirklichkeit und enthüllen ihren künstlichen Charakter.

„In *Diva* much of the shooting highlights the interiors of the domiciles of the two main protagonists, Jules and Borodin. But the reality of Jule's living quarters turns out already to be a set of images, i.e. a disused garage, in which pop art rubs shoulders with wrecked 1950s autos on the model of those in Nicholas Ray's *Rebel Without a Cause.*" (Lash 1990a, S. 192)

Damit wird der Zuschauer darauf hingewiesen, daß die heutige Wirklichkeit aus Bildern und Repräsentationen besteht und so einen flüchtigen und unstabilen Charakter hat. Diese Problematisierung des Verhältnisses zwischen der Repräsentation und dem Realen ermöglicht einen Einblick in die semiotische Struktur der Wirklichkeit.

Die „kritische Dimension" erreicht aber nicht wie beim modernistischen Avantgardefilm nur ein Minderheitenpublikum. Durch die Beibehaltung und Intensivierung des Wirklichkeitseindrucks durch mittels „special effects" in Szene gesetzte Spektakel richten sich diese Filme an ein breites Publikum. Daher fallen die postmodernistischen Filme, einschließlich der Mainstreamproduktionen, unter die Kategorie des *produzierbaren Textes* (Fiske 1987a, S. 95). Sie richten sich an die diskursiven Kompetenzen der Zuschauer, die diese in ihrer Mediensozialisation erworben haben und deren produktive Anwendung den Film hervorbringen.

Die Diskussion hat gezeigt, daß es Lash gelungen ist, eine hilfrei-

che Typologie des Gegenwartsfilms zu entwickeln. Allerdings muß
für die Bestimmung seiner kulturellen Bedeutung die Aneignung in je
spezifischen Kontexten untersucht werden. An ausgewählten Beispielen werden wir dies im nächsten Kapitel durchführen.

Kapitel 7

Zwischen Kreativität und Vergnügen

An zwei Beispielen aus den achtziger Jahren soll gezeigt werden, wie die Aneignung von Filmen zwischen den Polen des Vergnügens und der Kreativität oszilliert. Es handelt sich um die Filme der Sängerin und Schauspielerin *Madonna* und den *zeitgenössischen Horrorfilm,* die beide bei ihren Fans äußerst populär sind und von ihren Gegnern heftig kritisiert werden.

Die Politik von Madonna

> *„Ich möchte etwas symbolisieren.*
> *Daran denke ich, wenn ich mir etwas Neues vornehme ...*
> *Träume und Magie und Dinge, die Freude machen."*
> (Madonna)

Madonna, die Ikone der Populärkultur in den achtziger Jahren, ist dabei, durch tabuverletzende Videos wie JUSTIFY MY LOVE (1990) und ihren neuen Film IN BED WITH MADONNA (1991) auch in diesem Jahrzehnt sowohl in den Medien als auch in den Welten ihrer Fans und Gegner eine bedeutende Rolle zu spielen. Ihr phänomenaler Erfolg auf der einen und die ambivalenten und widersprüchlichen Aspekte dieses Stars auf der anderen Seite weisen auf den engen Zusammenhang von Popularität und Polysemie hin. Bei nur wenigen Stars gibt es eine solche Vielzahl unterschiedlicher *Lesarten.*

So steht Madonna für traditionelle Feministinnen im Dienst „patriarchalischer Werte" und wirft die Frauenbewegung angeblich in die fünfziger Jahre zurück. Von einer anderen Fraktion hingegen wird sie seit kurzem als Vorreiterin eines „neuen Feminismus" gefeiert, von der wegweisende und subversive Impulse für die Emanzipation der Frau ausgehen. Fanatische Zustimmung genießt sie bei Tausenden von „Wanna-bes" („Möchtegernen"), die ihren Stil imitieren und sie als Vertreterin einer selbstbewußten Weiblichkeit begreifen. Allerdings wird sie im *Playboy,* in *Penthouse* und auch in anderen Zeitschriften zum Objekt voyeuristischer Lust und männlicher Phantasien. Wegen ihrer sexuellen Provokationen wiederum ist sie für viele Fernsehsender und Journalisten ein rotes Tuch; dies verhinderte jedoch

nicht, daß die Premiere ihres neuesten Films bei den Festspielen in
Cannes überfüllt war.

Die heterogenen und oft widersprüchlichen Reaktionen verbindet,
daß Verehrung und Kritik sich weniger an ihrer Musik als an ihrem
Aussehen, ihren Ansichten, ihrem Lebensstil und an ihrem öffentliches Auftreten festmachen, die allesamt als *Texte* in den Medien „zirkulieren". Daher bietet es sich zur Analyse des Phänomens Madonna
an, sie selbst als eine *Serie von Texten* zu begreifen. Im Anschluß an
Fiske (1987a) können wir zwischen *primären* Texten (Madonna
selbst, ihre Alben, ihre Konzerte, ihre Videos, Filme etc.), *sekundären*
Texten (journalistische Artikel über Madonna, Interviews, Werbeanzeigen etc.) und *tertiären* Texten (alltägliche Gespräche über Madonna, die Aktivitäten der Fans, so z.B. der Versuch ihr Aussehen und
ihren Tanzstil zu imitieren, etc.) unterscheiden.

„All the texts of Madonna … are inadequate and incomplete. Madonna is only
the intertextual circulation of her meanings and pleasures; she is neither a text
nor a person, but a set of meanings in process." (Fiske 1989a, S. 124)

Im folgenden werden wir zeigen, warum Madonna eine wichtige
Funktion in der heutigen Populärkultur einnimmt. Dabei wird deutlich
werden, daß der Erfolg der „Multi-Medienmaschine Madonna" nicht
das Produkt einer homogenisierenden Kulturindustrie ist. Einerseits
entzieht sich ihr widerspruchsvolles Image nämlich der angeblichen
ideologischen Kontrolle, auf der anderen Seite machen erst die heterogenen Aneignungen der Rezipienten ihre Popularität aus. Vor allem
die jugendlichen weiblichen Fans fabrizieren Bedeutungen und Vergnügen, die in Zusammenhang mit ihrer sozialen Erfahrung als heranwachsende Frauen stehen.

Zunächst werden wir den 1984 von Susan Seidelman gedrehten
Film SUSAN… VERZWEIFELT GESUCHT (1985) und dessen Analyse
durch Graeme Turner (1988, S. 167ff.) näher betrachten. Dieser Film
hat zusammen mit der am Ende des gleichen Jahr erschienenen Platte
Like a Virgin wesentlich zur Herausbildung des Images von Madonna
beigetragen. Anschließend werden wir John Fiskes (Fiske 1987b;
1989b) ethnographische und semiotische Analyse des Madonna-Phä-
nomens diskutieren.

Susan… verzweifelt gesucht

Der Film spielte in den USA. und in Kanada 10,9 Millionen Dollar ein.
Nach DICK TRACY (1990), der weltweit 59,5 Millionen Dollar ein-

brachte, ist er von den Filmen, in denen Madonna mitspielte, der populärste. In der Bundesrepublik hatte er mit 820.000 Zuschauern sogar mehr als DICK TRACY, den „nur" 540.000 besuchten.

Das zentrale Thema von SUSAN...VERZWEIFELT GESUCHT ist die Konfrontation der Welten der jungen und gelangweilten Roberta (Rosanna Arquette), die mit einem Badewannenverkäufer in einem komfortablen Eigenheim lebt, und der flippigen und wilden Susan (Madonna), die ein abenteuerliches Leben in der Subkultur führt. Roberta ist von Susan und ihrem Leben fasziniert, nachdem sie in der Anfangsszene des Films beim Friseur eine persönliche Anzeige von ihr in einer Zeitung entdeckt hat. Die Hausfrauenatmosphäre im nüchtern gestalteten Schönheitssalon wird in der nächsten Szene mit Susan und einem ihrer Freunde in einem Hotelzimmer kontrastiert. Susan ist bereits aufgewacht und macht, auf dem Boden sitzend, mit einer Polaroidkamera Photos von sich. Vieles weist darauf hin, daß es sich um den Morgen nach einer exzessiven Liebesnacht handelt. Susan trägt eine schwarze und bizarre Kleidung, die sie als Mitglied einer städtischen Subkultur ausweist. Sie stiehlt ihrem schlafenden Gefährten Geld und ägyptische Ohrringe und verläßt dann das Hotel, von einem Gangster beobachtet, der kurz danach ihren Freund tötet. Der Film kehrt anschließend zu Robertas Welt zurück, die in ihrem Haus bei ihrer Geburtstagsparty gezeigt wird. Hier sind im Übermaß Signifikanten zu sehen, die ihr langweiliges und routinemäßiges Leben unterstreichen. So tragen ihre Freundinnen ähnliche Kleider wie Roberta. Schließlich wird die Party unterbrochen, als ihr Mann Gary (Mark Blum) in einem Werbespot für seine Badezimmer im Fernsehen auftritt. Roberta geht ans Fenster und betrachtet die Brücke, die New Jersey mit New York verbindet.

Bereits in der *Mise en scène* dieser Anfangsszenen läßt sich folgendes Set binärer Oppositionen erkennen, das den gesamten Film strukturiert (Turner 1988, S. 168):

Roberta	Susan
konventionell	unkonventionell
bürgerlich	anti-bürgerlich
vorstädtisch	städtisch
verheiratet	unverheiratet
sexuell unterwürfig	sexuell selbstbewußt
langweilig	aufregend
gehemmt	ungezwungen

Die binäre Struktur findet sich auch in den Schlüsselbildern des Films wieder, so z.B., wenn Roberta Susans schwarze bestickte Lederjacke

anhat. Diese wird für Roberta auch zu einer Art „Identitätsaufhänger"
(Goffman 1967) in ihrem Bemühen, ihr Leben zu ändern. Der ganze
Film lebt von der Vermischung und Verwechslung der Identitäten der
beiden Frauen. Wenn Susan an Robertas Eigenheim und an ihrem
Ehemann für kurze Zeit Geschmack findet bzw. Roberta sich in Susans Ex-Freund Dez (Aidan Quinn) verliebt, dann entsteht die Komik
dieser Szenen aus dem Netz der Differenzen, das die verschiedenen
Zeichensysteme des Films hervorbringen. Sie läßt sich beispielsweise
an der Musik zeigen:

„In the opening sequence in the beauty salon we listen to a 1960s ‚girly‘
group, an emblem of old-fashioned romanticism, and less obviously, male
domination. When we move to Susan's world it is rock and roll of a more
contemporary, unromantic, and insistent kind – the song is ‚Urgent.‘" (Turner 1988, S. 170)

Die Spannung, die durch die gegensätzlichen Welten geschaffen wird,
wird erst dann ausgeglichen, als Roberta und Susan sich am Ende des
Films treffen und gegenseitig erkennen.
    Mit dieser an Wrights Studie orientierten strukturalistischen Ana-
lyse bietet Turner eine mögliche Interpretationsstrategie an, mit der
sich der Film betrachten läßt. Damit ist dessen Potential an Bedeutung
aber nicht erschöpft. Um die Komplexität der Interaktion von Film
und Rezipient deutlich zu machen, stellt Turner noch andere Lesarten
dar, in denen der Film wahrgenommen werden kann. Sein Ansatz-
punkt ist dabei der Schluß des Filmes.
    Denn der Film hat neben der Szene, in der Roberta und Susan sich
begegnen, noch andere Schlußszenen, die ihn zu einem *offenen* und
damit von den Rezipienten *unterschiedlich produzierbaren Text* machen. So küssen sich Roberta und Dez an dessen Arbeitsstätte, im Pro-
jektionsraum eines Kinos. Danach sieht man Susan und ihren Freund
Jim sich amüsierend und Popcorn essend im Vorführsaal. Schließlich
wird eine Reihe von Zeitungstitelseiten gezeigt, in denen vom Wiederfinden der ägyptischen Ohrringe und einer Belohnung für Roberta
und Susan die Rede ist, die unter der Überschrift ‚What a Pair!‘ gefeiert werden. In der unterschiedlichen Art dieser Schlußszenen, die zum
einen das ‚romantische Paar‘ zum anderen die beiden ‚Schwestern‘
zum Inhalt haben, oszilliert der Film damit zwischen einer typischen
Verwechslungskomödie und einem *Frauenfilm,* in dem eine weibliche
Hauptfigur ohne männliche Hilfe lernt, sich selbst zu verwirklichen.
    Turner zeigt, daß der Film sich zusätzlich noch unter weiteren Gen-
rerahmen wahrnehmen läßt. Während die biedere Welt des Badewan-

nenverkäufers im Verlauf des Films immer bizarrer, fremder und un-akzeptabler wird, erscheint das subkulturelle Milieu von East Village (New York) in SUSAN…VERZWEIFELT GESUCHT immer mehr als die „normale" Welt. Daher ist der Film auch ein *Subkulturfilm,* der für deren Mitglieder spezialisierte Vergnügen bereithält.

> „She [Seidelman] casts figures from the New York music, art, and film world in small, cameo roles. Richard Hell, the punk rock singer (from Richard Hell and the Voidoids), plays Meeker, Anna Carlisle (from the cult film *Liquid Sky*) plays Dez's ‚ex', and the musician Richard Edson turns up in a short encounter with Susan in St Mark's Place. The film is rooted in the locations and the personalities of the world it is portraying." (Turner 1988, S. 175/177)

Der Film ist auch zu einem *Kultfilm* geworden, der von vielen mehrmals besucht und beinahe kultisch verehrt wird. In erster Linie sprach SUSAN…VERZWEIFELT GESUCHT jedoch ein jugendliches, musikorientiertes Publikum an, das die Erwartung hatte, einen ‚Madonnafilm' zu sehen, in denen ihre persönlichen Probleme behandelt würden. Der Film ist jedoch kein *Teenie-Film* wie THE BREAKFAST CLUB (1984) oder PRETTY IN PINK (1986), in denen es um die Konflikte zwischen individueller Selbstverwirklichung gegen die Zwänge von Eltern, Lehrern oder anderen erwachsenen Autoritätspersonen geht. Denn in SUSAN…VERZWEIFELT GESUCHT werden die Zwänge und Einschränkungen durch die Ehe und konventionelle weibliche Rollendefinitionen verursacht. Auch wenn ein Teil des jugendlichen Publikums den „falschen" Genrerahmen „Teeniefilm" verwandte, hat dies der Popularität des Films aber keinen Abbruch getan.

Turner versucht in seiner Analyse deutlich zu machen, daß die strukturalistische Perspektive des Filmwissenschaftlers und die verschiedenen aufgezeigten Genrerahmen, die bei der Interpretation vom Publikum angewandt werden können, auch verschiedene Filme hervorbringen. Jede Aneignung des Films, die vom Wissen sowie von der Erfahrung der Rezipienten abhängt und innerhalb spezifischer sozialer Bedingungen stattfindet, stellt immer nur eine Lesart dar. Wenn man den Film als Verwechslungskomödie oder als Kultfilm betrachtet, werden jeweils spezifische Einzelheiten anders interpretiert und unterschiedliche Aufmerksamkeit erhalten.

> „But divergent or competing readings are not necessarily contradictory of each other. *Desperately Seeking Susan* is, in a sense, many kinds of film. It consciously takes exhilarating risks in order to keep options open, to provide a multiplicity of positions from which it can provide its audiences with the pleasures of cinema." (Turner 1988, S. 178)

Wenn der Film nur von einer Perspektive aus betrachtet wird, werden andere mögliche Interpretationen des Publikums analytisch ausgeschlossen. Für eine Filmanalyse unter postmodernen Bedingungen ist es aber erforderlich, das *polyseme Potential* von Filmen aufzuzeigen, um einen Einblick in die möglichen *heterogenen Aneignungsformen* populärer Filme zu gewinnen. Die bizarrste Form in diesem Zusammenhang entstand durch den Madonnakult ihrer weiblichen Anhänger, der Madonna-"Wanna-bes".

Madonna und die „Wanna-bes"

In der Analyse dieser Fankultur verfolgt Fiske (1989b, S. 95ff.) zwei sich ergänzende methodologische Vorgehensweisen. Einerseits führt er eine *ethnographische Untersuchung* der Aktivitäten der Fans durch, andererseits eine *semiotische und strukturalistische Textanalyse,* die berücksichtigt, daß die Bedeutung eines Textes sich nicht durch ihn selbst ergibt, sondern inter- und kontextuell bestimmt wird. „Every text and every reading has a social and therefore political dimension, which is to be found partly in the structure of the text itself and partly in the social relations of the reader and the way they are brought to bear upon the text" (Fiske 1989b, S. 97f.).

Die jungen Fans, die bei Madonnas „Virgin"-Tour 1985 zu Hunderttausenden die ausverkauften Konzerte besuchten, waren in erster Linie Mädchen, die in ihrem Aussehen Susan und ihren „ironisch nachempfundenen Nuttenstil" (so Madonna selbst in: Voller 1988, S. 61) aus dem Film imitierten, den die Medien „Madonna-Look" tauften.

„Sie hatten ihr Bild in SUSAN…VERZWEIFELT GESUCHT studiert und hatten sich große Mühe gegeben, jedes Detail zu kopieren: Sie stylten ihre Haare wie ihr Idol, stellten den Bauchnabel zur Schau und trugen die absolut unentbehrlichen ‚BOY-TOY'-Gürtel, fingerlose Handschuhe und ‚katholische Juwelen.'" (Voller 1988, S. 60)

Durch die Übernahme des Stils von Madonna, welche eine umfassende Kenntnis von ihr und deshalb eine intertextuelle Kompetenz impliziert, bekunden die weiblichen Fans ihre Identifikation mit dem Star und dessen weiblicher Selbstdarstellung. Ebenso demonstrieren sie ihre Zugehörigkeit zu einer spezialisierten Gemeinschaft von Fans (vgl. Winter und Eckert 1990, S. 110f.). Worin liegen nun aber die Gründe für die Faszination von Madonna?

Fiske (1987b, 1989b) zeigt, daß sowohl weibliche als auch männli-

che Fans die Sexualität von Madonna als eine Herausforderung oder
sogar als eine Bedrohung für die herrschenden Rollendefinitionen von
Weiblichkeit und Männlichkeit betrachten. So loben sie z.b. Madonnas Mut, frei und offen über ihre Sexualität in allen Aspekten zu sprechen. Eine besondere Bedeutung kommt dabei der von Madonna
demonstrierten Selbstliebe zu, was die Darstellung autoerotischer
Praktiken bei Bühnenshows miteinschließt. Auch mit der Beachtung,
die sie ihrem Bauchnabel schenkt, stellt sie das Vergnügen an ihrer eigenen Körperlichkeit dar. Wegen dieser Selbstzentriertheit betrachten
sie ihre Fans jedoch nicht als selbstsüchtig und egozentrisch, wie es
viele ihrer Gegner tun. Im Gegenteil scheint darin einer ihrer wesentlichen Anziehungspunkte zu bestehen.

Die Äußerungen der Fans weisen nämlich darauf hin, daß Madonna ihnen durch ihr Verhalten ein Gefühl für die potentielle eigene Stärke vermittelt. Fiske kommt zu dem Schluß: „Madonna offers some
young girls the opportunity to find meanings of their own feminine sexuality that suit them, meanings that are ‚independent' " (Fiske 1989b,
S. 100). Madonna kommt bei den Fans auch deshalb so gut an, weil
autobiographische Erfahrungen in ihre Arbeit einfließen. Wie sie in
Interviews betont, knüpft sie bei ihrer eigenen Selbstdarstellung an Erfahrungen aus ihrer Jugend an.

Ihre selbst durchlebte Rebellion gegen elterliche und religiöse Au-
toritäten ist ein ständiges Thema ihrer Arbeit. In dem Video LIKE A
VIRGIN wird Madonna abwechselnd in einem weißen Hochzeitskleid
und im schwarzen Dress der *Femme fatale* dargestellt. Wie sie in vielen Interviews bekundet hat, spielt sie hier absichtlich auf den Gegensatz von Hure und Jungfrau an, der ihr in ihrer religiösen Erziehung
vermittelt wurde. Dies betrifft auch ihren Namen und die Verwendung
religiöser Symbole als modische Accessoires.

Als sexuell aggressiv auftretende Frau trägt sie – ausgerechnet – den
Namen Madonna; zudem benutzt sie Kruzifixe, die in ihrer Erziehung
eine große Rolle gespielt haben, als Ohrringe oder Nabelschmuck (vgl.
Voller 1988, S. 56). Indem sie diese Objekte (Signifikanten) zu ästhe-
tischen Zwecken und zum eigenen Vergnügen verwendet, werden sie
jedoch von ihrer ursprünglichen Bedeutung (Signifikat) „befreit".
Durch diese Einarbeitung der oppositionellen Bedeutungen von Hure
und Jungfrau in ihre *Texte* stellt sie die Gültigkeit der binären Opposi-
tion in der gesellschaftlichen Konstruktion von Weiblichkeit in Frage.
Außerdem parodiert sie in der exzessiven Verwendung von Schmuck,
Make-up und Kitsch die konventionelle Darstellung von Weiblichkeit.
Fiske faßt zusammen: „She makes her own meanings out of the sym-

bolic systems available to her, and in using *their* signifiers and rejec-
ting or mocking *their* signifieds, she is demonstrating *her* ability to
make her *own* meanings" (Fiske 1989b, S. 106).

Dies wird auch in ihrem Video IN THE GROOVE deutlich, das eine
Montage aus Einstellungen des Films SUSAN...VERZWEIFELT GE-
SUCHT ist. Vor diesem Hintergrund erscheint als zentrales Thema des
Films der Kampf von Frauen um eine eigene Identität, indem sie ihre
Beziehungen zu Männern in die eigene Hand nehmen.

„The women in DESPERATELY SEEKING SUSAN who are struggling to control their social identity and relationships are participating in the same process
as subcultures are when they recycle the products of the bourgeoisie to create
a style that is theirs, a style that rejects meaning and in this rejection asserts
the power of the subordinate to free themselves from the ideology that the
meaning bears." (Fiske 1989b, S. 107)

Die existierenden Vorstellungen von Weiblichkeit sind so das
„Rohmaterial", aus dem Susan und Roberta ihre Identität basteln. Sowohl in dem Film und in ihren Videos als auch in ihren Konzertauf-
tritten zeigt Madonna, daß sie die Kontrolle über ihr Image, ihre
Sexualität und ihre Identität hat. Dies erlaubt den Fans in der *Interaktion mit den medialen Texten* die Lesart, daß die Bedeutungen ihrer
weiblichen Sexualität nicht fremdbestimmt sein müssen, sondern in
ihrer Kontrolle sein *können*. So wird am Beispiel eines von Fans gedrehten Videos für einen Song von Madonna deutlich, wie der Madonna-Look und das mit ihm verbundene Gefühl für die eigene Stärke
zur Gestaltung der sozialen Beziehungen und der persönlichen Identität beiträgt (Fiske 1989b, S. 101).

Deshalb ist das Verhalten der „Wanna-bes" falsch interpretiert,
wenn man es als einen von der Kulturindustrie gesteuerten Eskapis-
mus interpretiert. Der „Konsum" des Madonna-Looks ist vielmehr
eine phantasievolle Fabrikation, dessen Bedeutung sich nicht in der
Imitation erschöpfen muß. Die Popularität von Madonna wird so im
Kräfteverhältnis zwischen der Macht der Kulturindustrie und den
„Widerstandstaktiken" der Fans konstituiert.

Die Aneignung des postmodernen Horrorfilms

Im Videodrome

Max Renn (James Woods), ein agiler und cool wirkender Manager
Mitte dreißig, leitet einen privaten Kabelsender in Toronto, der sich

auf die Sendung von Softcore-Sexfilmen sowie von Horror- und Ge-
waltstreifen spezialisiert hat. Er ist ständig auf der Suche nach Film-
material, das „wirklich reinhaut" und die Einschaltquoten nach oben
treibt. Der größte Fund von Max ist „Videodrome", eine „Show", die
in einer Folterkammer spielt und in der nonstop sadistische Gewalt
und Morde, die sehr real wirken und nicht in eine Handlung eingebettet sind, gezeigt werden.

Auf der Suche nach den Herstellern von „Videodrome" gelangt er
in das Kathodenstrahlinstitut des „Medien-Propheten" Professor Brian
O'Blivion, der jedoch bereits gestorben ist und nur noch in der Form
von Videokassetten existiert. Auf einer dieser Kassetten verkündet
O'Blivion, der sowohl von seinen Aussagen als auch von seinem Aussehen her auffallend dem berühmten Kommunikationswissenschaftler
Marshall McLuhan gleicht, daß er während der Arbeit am „Videodrome"-Projekt starke Visionen entwickelte, die zur Bildung eines Ge-
hirntumors führten.

Auch bei Max Renn zeigt sich sehr bald der Effekt von „Videodrome". Er beginnt zu halluzinieren. Eine Videokassette verwandelt
sich in seinen Händen in einen pulsierenden, lebenden Gegenstand.
Der Bildschirm seines Fernsehers wird zu einem atmenden Lebewe-
sen. Je häufiger sich Max „Videodrome"-Kassetten anschaut, desto
mehr intensivieren sich seine „Video-Halluzinationen". Am Ende beherrschen sie sein Leben. Da der Film gänzlich aus seiner Perspektive
gedreht ist und er so in jeder Szene anwesend ist, läßt sich in vielen
Fällen weder für Max noch für den Zuschauer zwischen Wahnvorstel-
lungen und wirklichen Ereignissen unterscheiden. Unter anderem entwickelt Max für kurze Zeit eine Vagina-ähnliche Öffnung in seinem
Bauch, in der seine Pistole und auch seine Hand verschwinden. Später
steckt ihm Convex, der Direktor des Konzerns, der „Videodrome"
produziert hat, eine Videokassette in diese Öffnung. Plötzlich hält
Max eine Pistole in der Hand, die mit dieser verwächst. Er verwandelt
sich in einen fleischgewordenen Videorekorder, der auf Mord pro-
grammiert ist. Max soll seine beiden Geschäftspartner beim Kabelsender töten und diesen dann an den machthungrigen Convex
übergeben, der über den Sender „Videodrome" aussenden will, um ihn
zu reaktionären politischen Zwecken zu nutzen. Denn die „Videodrome"-Sendungen strahlen eine unhörbare Botschaft aus, die bei der
Rezeption einen Gehirntumor und in der Folge Halluzinationen und
Wahnzustände erzeugt.

Max erschießt mit seiner penisartigen Fleischwaffe seine beiden
Kollege und schließlich Convex selbst. Dessen Körper explodiert in

einer widerlichen Eruption von Tumoren. Am Ende begeht Max, an-
geleitet durch ein Videobild, Selbstmord. Seine letzten Worte sind:
„Lang lebe das neue Fleisch!"

David Cronenbergs apokalyptisch-visionärer Horrorfilm VIDEO-
DROME (1982), in dem Bild, Wirklichkeit, Halluzination und Psycho-
se unauflöslich ineinander verschlungen sind, erinnert mit seiner
erschreckenden Schilderung der Verführung durch Bilder und seiner
impliziten Botschaft, daß die Illusion die Wirklichkeit sei, an die Arbeiten von Marshall McLuhan (1964), und mehr noch an die Simula-
tionstheorie von Jean Baudrillard (1972). Dieser folgt McLuhans
bekannter These: „Das Medium ist die Botschaft", betont aber, daß
nicht nur die Botschaft in das Medium, sondern daß auch das Medium
und das Reale in einer Art nebulöser Hyperrealität implodieren. Brian
O'Blivion predigt in Videodrome: „Das Fernsehen ist die Realität, und
die Realität ist weniger als das Fernsehen". Je häufiger Max sich
„Videodrome"-Kassetten anschaut, desto mehr gehen ihm die Kriterien für die Wirklichkeit verloren. Seine Wirklichkeitserfahrung besteht immer mehr aus Video-Halluzinationen. Er wird am Ende zu
einer Video-Marionette. Das Medium ist bei Cronenberg nicht mehr
die Verlängerung des Menschen, sondern umgekehrt wird der Mensch
zu einem Anhängsel der Medien. Professor O'Blivion wünscht sich
„ein neues technologisches Wesen". Professor Baudrillard prophezeit
im Stil von Science Fiction-Romanen, daß wir in der Mediengesellschaft „nicht mehr als Dramaturg oder Akteur, sondern als Terminal,
in dem zahlreiche Netze zusammenlaufen" (Baudrillard 1987, S. 14),
existieren.
    Als sich im Verlaufe des Films der Körper von Max gar öffnet, um
eine Videokassette aufzunehmen, verschmelzen der Körper und die
Bilder zu einem Ganzen. Das Subjekt wird zum Videorekorder, das
Video selbst wird Fleisch. Für Max stellt auch sein Körper keinen
Rückzugspunkt mehr dar. Er verfällt der von Baudrillard beschriebenen neuen Form von Schizophrenie.

„ ... alles ist zu nah, alles ist von einer ansteckenden Promiskuität, die ihn
einschließt und durchdringt – ohne Widerstand, ohne daß irgendeine Schutz-
zone, irgendeine Aura, nicht einmal die seines eigenen Körpers, ihn ab-
schirmt." (Baudrillard 1987, S. 23)

Cronenberg macht damit auf das in unserer Medienzivilisation pro-
blematische Verhältnis von Bild und Realität aufmerksam. Die Video-
bilder sind die Viren, die einen Tumor hervorbringen, der wiederum

Wahnbilder produziert. Die Grenzen zwischen der Realität und der Darstellung und ebenso die zwischen Innen und Außen verschwinden.

Treffen die düsteren Prognosen von Cronenberg und Baudrillard, die in überspitzter Form die Diskussion über die Gefahren von elektronischen Medien auf den Punkt bringen, auf das heutige oder das zukünftige Medienszenario zu? Werden die auf Horror- und Gewaltfilme spezialisierten Videofans, die wie Max videophil veranlagt sind, zu Medienmarionetten, die von der Promiskuität der Kommunikationsnetze eingefangen werden, ohne daß sie ihre Eigenständigkeit bewahren können? Gibt es Formen des Widerstandes und der Kreativität? Diesen Fragen werden wir im folgenden anhand des meist nur auf Video erhältlichen zeitgenössischen Horrorfilms nachgehen.

Die Popularität des Horrorfilms

Seit fast zwei Jahrzehnten ist der Horrorfilm in der westlichen Welt wieder sehr beliebt. Mit seinen Untoten, psychotischen Killern und dämonisch Besessenen hat er einerseits die treuesten Fans, aber auf der anderen Seite auch die erbittertsten Gegner.

Warum man diese Filme ablehnt, bedarf keiner weiteren Erklärung, viel eher schon die Popularität bei bestimmten Gruppen in unserer Gesellschaft. Eine erste Antwort auf diese Frage folgt einem einfachen Muster: Die Horrorfans sind masochistisch oder sadistisch veranlagt, sie gruseln sich gerne, sie empfinden Lust am Ekel, am Widerwärtigen und sind vom Tode fasziniert. Die Schwierigkeit solcher funktionalistischer Konzeptionen besteht darin, daß sie die Rezeption als Befriedigung von zuvor existierenden Bedürfnissen betrachten. Die unterschiedlichen Mechanismen der medialen Texte und die Aktivitäten der Rezipienten, die die Unterhaltung und das Vergnügen erst produzieren, werden jedoch nicht beachtet. Gerade das Vergnügen ist, wie im folgenden gezeigt wird, kein automatisches oder natürliches Ergebnis irgendeiner Bedürfnisbefriedigung, sondern wird in je besonderen sozialen und historischen Kontexten von den Rezipienten im Gebrauch der medialen Texte selbst fabriziert. Deshalb müssen die unterschiedlichen Aneignungsformen von Horrorfilmen untersucht werden. Hierbei rückt die Kreativität der Rezipienten nicht nur in der Produktion von Vergnügen, sondern auch in der von Bedeutungen in den Mittelpunkt. Zuvor ist es aber erforderlich, die wesentlichen Eigenschaften der neueren Horrorfilme, d.h. die besondere Art und Weise, in der sie als Texte strukturiert sind, zu untersuchen. Nur vor diesem Hintergrund läßt sich die *Interaktion von Text und Rezipient* erfassen.

Merkmale des postmodernen Horrorfilms

Ein wesentliche Eigenschaft der neueren Horrorfilme ist die obsessive Beschäftigung mit der Zerstörung des menschlichen Körpers. Oft werden zerplatzende Körper, Verstümmelungen und körperliche Metamorphosen hyperrealistisch dargestellt. Diese „special effects" stellen auf der Ebene der textuellen Organisation einen Exzess der Signifikanten dar. Insbesondere bei den Splattereffekten spritzt das Blut im Übermaß und werden Innenseiten des menschlichen Körpers ausgeleuchtet, die die biologische Wirklichkeit bei weitem überschreiten. Inhaltlich setzen die Horrorfilmer damit die Angst vor Krankheit und Tod, dem Verlust der Kontrolle über den Körper und dem eigenen Verschwinden in Szene.

Die Visualisierung dieser Ängste und damit der Akt des Zeigens dominiert bisweilen über den des Erzählens, ein visuelles und auditives Spektakel drängt die für das klassische Hollywoodkino geltende realistische Erzählweise in den Hintergrund. Den Arbeiten von Scott Lash (1988, 1990a) zur postmodernen Kultur folgend, kann man von figuralen Filmen sprechen, bei denen die Figur des Textes oft über den dargestellten Inhalt regiert, eine Eigenschaft, die nach Lash das postmodernistische Kino insgesamt auszeichnet.

Eine weiteres wesentliches Merkmal der postmodernistischen Horrorfilme ist ihre textuelle Offenheit. In VIDEODROME z.B. wird nicht aufgeklärt, was Max Renn halluziniert bzw. was wirklich passiert ist. Wenn der Text, wie Roland Barthes (1974, S. 26) meint, ein Anagramm für unseren Körper ist, so ist der Text von Videodrome ein Anagramm für den schizophrenen Körper (vgl. Modleski 1986). Der Text hat Brüche und Lücken. Ihm fehlt es sowohl in der Form als auch im Inhalt an Kohärenz und Abgeschlossenheit. Dies gilt für die meisten der neueren Horrorfilme. So haben zahlreiche Filme einen offenen Schluß ohne „happy-end" (vgl. Tudor 1989). In dem sehr erfolgreichen Film HALLOWEEN (1978) ist die vermeintliche Leiche des endlich gefaßten Killers in der letzten Szene ohne Gründe verschwunden.

Die Offenheit der Texte wird außerdem durch implizite Bezüge zu anderen Filmen verstärkt. Die postmodernistischen Horrorfilme lassen sich isoliert oft nur begrenzt verstehen, weil sie in ein aktives Netzwerk von Beziehungen und Praktiken eingebettet sind. Sie wiederholen und überarbeiten die Konventionen des Genres, zitieren aber auch aus anderen Filmen und fügen dadurch für den kompetenten Rezipienten zusätzliche Bedeutungsebenen ein. Außerdem zeigen Filme wie Cronenbergs Remake DIE FLIEGE (1985) oder Carpenters DAS

DING (1982), wie ältere Filme als Repertoire von Geschichten und Ideen dienen können. Ebenso beliebt sind Parodien und Imitationen z.B. der Zombie- oder Draculafilme. Das Zitat, die Parodie und das Pastiche von Filmen sind, wie Frederic Jameson (1986) gezeigt hat, Merkmale der postmodernen Kultur.

In diesen Formen der Intertextualität wird auch eine selbstreflexive Dimension der Massenkultur sichtbar. Ganz besonders deutlich, wird diese bei VIDEODROME. Cronenberg zeigt, daß nach seiner Sicht die durch Fernsehen und Video vermittelte Massenkultur erschreckend ist, weil sie ihr Publikum in eine passive Rolle drängt und so feminisiert. Der von „Videodrome" faszinierte Max wird mit einer Videokassette vergewaltigt. Der Film erlaubt zwei Lektüren. Er läßt sich sowohl als Kritik der Medienzivilisation lesen, wenn man die verwendeten Metaphern und Anspielungen dekodieren kann, als auch als eine etwas verwirrende Geschichte mit tollen Spezialeffekten. Ein Film wie VIDEODROME hebt so die Trennung von Hoch- und Populärkultur auf, indem er mit seiner impliziten philosophischen Abhandlung über die Gefahren der Medienzivilisation dem „kulturellen Kapital" der Rezipienten ein Angebot macht.

Dies gilt auch für den in Deutschland verbotenen, in England und Frankreich jedoch gefeierten Film DAS TEXAS KETTENSÄGENMASSAKER (1974). Auch in diesem Film läßt sich eine zweite zivilisationskritische Bedeutungsebene ausmachen, wenn man das nötige kulturelle Kapital und auch das erforderliche Durchhaltevermögen besitzt. Ebenso läßt sich der Publikumserfolg ZOMBIES IM KAUFHAUS (Originaltitel: DAWN OF THE DEAD [1979]) als Erschießungsspektakel, aber auch als subtile Kritik am Konsumkapitalismus wahrnehmen (vgl. Wood 1979; Faulstich 1985). Dem Zuschauer wird so die Möglichkeit eröffnet, wie ein Nomade zwischen den verschiedenen Bedeutungsebenen hin und her zu wandern. Viele der postmodernen Horrorfilme eignen sich deshalb zur mehrmaligen Rezeption. So wird einem bei Videodrome oft erst nach wiederholtem Schauen klar, daß die dargestellten Ereignisse bloße Visionen von Max sein können und die zu Beginn des Filmes noch vorherrschende realistische Erzählweise im weiteren Verlauf gänzlich aufgegeben wird. Cronenberg problematisiert damit das Verhältnis von den Bildern, den Signifikanten, zur dargestellten Realität, dem Referenten. Wenn Max zum Videorekorder wird oder wenn die Videokassetten lebendig und organisch werden, dann sind der Referent und der Signifikant nicht mehr unterscheidbar, es kommt zu einer Entdifferenzierung, die für postmoderne kulturelle Güter charakteristisch ist.

Auch in den Filmen ERASERHEAD (1977) oder BLUE VELVET (1986) von David Lynch wird das Reale selbst problematisiert, indem es in surrealistischer Manier als Signifikant entlarvt wird. So wird zum Beispiel in der Schlußszene von BLUE VELVET, als in der Handlung wieder Normalität eingekehrt ist, eine Rose im Garten gezeigt, die sich bei näherem Hinsehen als Papierrose erweist. Die Künstlichkeit der dargestellten Realität wird durch dieses Zitat, das auch in einem Werbefilm vorkommen könnte, deutlich gemacht. Damit wird die Seherfahrung des Zuschauers angesprochen, der in einer Gesellschaft aufgewachsen ist, deren Oberfläche selbst aus Bildern und Darstellungen zusammengesetzt ist. Der zeitgenössische Horrorfilm läßt sich deshalb auch als Fortsetzung einer bilder- und ereigniszentrierten Gesellschaft des Spektakels begreifen.

Sowohl in der Form als auch im Inhalt widersprechen also die meisten der neuen Horrorfilme den Auffassungen vieler Kritiker der Massenkultur, die deren homogenisierende und nivellierende Kraft betonen. An der Aneignung dieser Filme werden im folgenden einerseits die Kreativität der Rezipienten auf der Bedeutungsebene, aber andererseits auch deren vielfältige Vergnügen aufgezeigt.

Aneignungsformen: Fans und Kunstliebhaber

John Fiske (1986) hat gezeigt, daß ein populärer Text seine Popularität den Anknüpfungspunkten verdankt, die eine Vielzahl von Lesern in einer Vielzahl sozialer Kontexte findet. Wenn man die Aneignung des Horrorfilms nicht als bloßen Konsum von Bildern, sondern als produktives Vergnügen (Fiske 1989a, S. 49ff.) begreift, dann rücken die selektiven Lesarten der Rezipienten und deren Aktivitäten in den Mittelpunkt. Die Horrorfilme stellen in dieser Perspektive ein kulturelles Angebot dar, das einen großen, aber nicht grenzenlosen Bereich produktiver Nutzungen eröffnet.

Die im folgenden vorgestellten Ergebnisse einer *ethnographischen Untersuchung,* also einer Sozialwelt- bzw. Lebensweltanalyse (vgl. Becker 1982; Gerhardt 1986, S. 79ff.; Hitzler und Honer 1991), zeigen, daß die Vergnügen und die damit verbundenen unterschiedlichen Nutzungsformen der Rezipienten zu einem großen Teil davon abhängen, ob diese in der *Interaktion* mit den Texten die neuen Horrorfilme als ästhetische Objekte begreifen und die beschriebenen impliziten Bedeutungen aktivieren, oder ob sie die Filme als Werkzeuge zur Herstellung von Vergnügen und zum Aufbau einer Fankultur gebrauchen. Wir können deshalb zwischen Fans und Kunstliebhabern unterscheiden.

Die Fans

Für die Fans von Horrorfilmen ist charakteristisch, daß sie ihrer Leidenschaft exzessiv nachgehen. Bereits die unmittelbare emotionale oder sinnliche Beschäftigung mit dem Gegenstand stellt für sie eine Quelle des Vernügens dar. Nach Bourdieu (1982, S. 761 ff.) haben wir es hier mit einem „Sinnen-Geschmack" zu tun. Die Fans sind enthusiastisch, entwickeln verschiedene Aktivitäten, versuchen die Grenzen zwischen der Welt des Films und ihrer Fanwelt, zwischen der Repräsentation und dem Realen zu überschreiten. Sie behandeln die Horrorfilme nicht als Kunstwerke, sondern suchen nach Anschlußmöglichkeiten für eigene Aktivitäten. Ihre Lektürepraktiken sind deshalb äußerst undiszipliniert. Im Sinne De Certeaus (1988, S. 293 ff.) „wildern" sie in den Texten und stehlen die für sie relevanten Aspekte.

   Ihre Fankultur läßt sich durch vier wesentliche Merkmale charakterisieren: (1) ihre Sozialwelt und das zu dieser gehörende Kommunikationsnetz, das sehr differenziert und international organisiert ist (Eckert et al. 1991); (2) ihr Bestreben nach Distinktion; (3) ihre Teilnahme an der Sozialwelt und (4) ihre Produktivität in bezug auf Bedeutungen und Vergnügen.

Distinktion

Wenn ein Fan an das Kommunikationsnetz der Horror-Sozialwelt angeschlossen ist, weist dies auf eine tiefergehende Integration hin. Ein wichtiges Thema für die Horrorfans ist die Abgrenzung von den aus ihrer Perspektive unechten Fans, ihr Bestreben nach Distinktion. Die Mitglieder eines untersuchten Clubs hatten hierfür explizite Kriterien. So waren sie gegenüber den „Schicki Micki-Besuchern" von Filmfestivals sehr skeptisch eingestellt und nur wenig tolerant. Ein echter Horrorfan ist für sie jemand, der auch ein Interesse für die klassischen Horrorfilme aus Hollywood oder aus den Hammerstudios hat, in denen die Draculafilme mit Christopher Lee entstanden sind. Ein echter Fan geht zudem auch persönliche Beziehungen mit anderen Fans ein. Im Gegensatz zu den Kunstliebhabern unter den Rezipienten, deren Interesse in der Regel rein ästhetisch ist und vor allem dem postmodernistischen Horrorfilm gilt, besteht bei den Fans explizit die Tendenz, sich in Gemeinschaften zusammenzuschließen, in denen die Grenzen zwischen Fans und Nicht-Fans affektiv besetzt sind. Im Sinne von Maffesoli (1988) gehen die Fans affektive Allianzen ein.

Teilnahmeformen

Bei der Analyse unseres empirischen Materials haben wir zwischen vier Idealtypen der Teilnahme an der Sozialwelt unterschieden: Fremder, Tourist, Buff, und Freak (Eckert et al. 1991, S. 65ff.). Die wahren Fans finden sich unter den Typen des Buffs und des Freaks, denen es gelingt, ihr Interesse an Horrorfilmen auf Dauer zu erhalten und weiter zu spezialisieren. Für beide Typen ist ein routinierter Umgang mit dem angenehmen Grauen charakteristisch. Anders als der Horrorfremde und der Horrortourist verfügen der Buff und der Freak über ein detailliertes und systematisches Wissen über die Filme und über die Aktivitäten in der Sozialwelt. Allerdings fällt ihnen, anders als dem Touristen, das Erleben von Angst immer schwerer. Es wird aber umso intensiver erfahren und höher bewertet, wenn es eintritt. Sowohl beim Buff als auch beim Freak gibt es eine Verschiebung in der Lust am Text: für sie werden nämlich die *Intertextualität* der Filme zu einem Erlebnis. So ergeben sich – im Gegensatz zum Touristen – die Bedeutung und der Wert eines neuen Horrorfilms nicht primär durch dessen neue „special effects", sondern durch die Bezüge, die die Fans zu anderen Horrorfilmen herstellen können.

Der wesentliche Unterschied zwischen Buff und Freak besteht darin, daß die persönliche Identität des Freaks sehr viel enger mit der Sozialwelt verbunden ist. Er gibt selbst Fanzines heraus, dreht Amateurvideos, veranstaltet Clubtreffen und möchte als Meinungsführer und Spezialist anerkannt werden. Er ist sehr am Fortbestand der Sozialwelt interessiert und wirbt auch um neue Mitglieder.

Produktivität

Der Buff und der Freak zeichnen sich auch durch eine hohe Produktivität aus. Dabei kommt den „Fanzines" eine zentrale Bedeutung zu. In diesen werden Filme kommentiert, Tauschpartner gesucht, und es wird über News aus der Horrorszene geklatscht. Außerdem schreiben die Fans selbst Horrorgeschichten und entwerfen Filmhandlungen. Wenn sie sich z.B. für Filme mit einem offenen Ende Fortsetzungen ausdenken, füllen sie die Lücken in den medialen Texten auf. Mittels Video kombinieren die Fans auch gestohlene Szenen aus Horrorfilmen zu einem neuen Ganzen. So wurde auf einem Clubtreffen ein Video mit aus dreißig Horrorfilmen zusammengeschnittenen Getränkeszenen gezeigt, bei denen man den jeweiligen Film raten mußte. Dies war Teil eines Quiz', zu dessen Lösung ein phänomenales

Wissen über Horrorfilme erforderlich war. „Horror-Toni", der Präsident des Clubs und der Quizmaster an diesem Abend, wurde von den anderen Fans wegen seines großen Wissens auch „der kleine Professor" genannt. Die Geschichte des phantastischen Films, insbesondere des Horrorfilmes, ist sein Spezialgebiet. Als Freak erkennt er z.B. sofort die Zitate aus anderen Horrorfilmen, also die horizontale Intertextualität des Genres. Jedes Detail eines Filmes kann für ihn interessant und zum Objekt des Wissens und des Vergnügens werden. Ebenso macht es ihm, um Distinktion bemüht, sehr viel Spaß, sein Wissen und damit seine Differenz zu den anderen Fans zu demonstrieren.

Eine weitere Quelle des Vergnügens für die Horrorfans sind die „special effects" in den Filmen, von denen eine ganz besondere Faszination ausgeht. Kommerzielle Fanzeitschriften berichten ausführlich über neue „special effects" und wie diese gemacht werden. Auf diese Weise schärfen sie den Blick und bereiten auf die Begegnung mit den Monstern und ihren Opfern vor. Insbesondere die Zeitschrift *Fangoria* hat die Entwicklung und den Erfolg des postmodernen Horrorfilms begleitet. Auch hier haben wir es mit einer Form der Intertextualität zu tun, nämlich mit einer *vertikalen* zwischen den Filmen, den primären Texten, und den Zeitschriften als sekundären Texten (vgl. Fiske 1987a, S. 117 ff.). Durch die ausführliche Besprechung der „special effects" bringen die Zeitschriften damit zusammenhängende Bedeutungen und Vergnügen in Umlauf, die von den Fans dann bevorzugt aktiviert werden. Die Blutorgien und die Gemetzel in den Filmen werden so nicht als Darstellungen der Realität, sondern als durch Tricks hervorgebrachte Spektakel wahrgenommen. Die Interviews und Diskussionen ergaben, daß gerade die Fiktionalität des dargestellten Geschehens und die Handlungseinbettung der Horrorszenen Voraussetzung für die Lust am Text ist. Die untersuchten Horrorfans sind also nicht wie Max Renn vom „Videodrome-Virus" infiziert.

Der Simulations- und Spektakelcharakter der Filme wird zusätzlich dadurch unterstrichen, daß Horrormasken in verschiedenen Varianten, abgetrennte Köpfe, Beine, Hemden, die, wenn man sie öffnet, einen Blick auf Eingeweide freigeben, sowie Horror-Schminkkurse für Anfänger und Fortgeschrittene angeboten werden. Besonders eindrucksvolle Figuren aus Filmen werden gar als Skulpturen auf den entsprechenden Festivals und in den einschlägigen Läden verkauft. Was verbirgt sich hinter dieser Faszination für die Monster, und was verschafft den Fans in diesem Fall ihr Vergnügen?

Das Vergnügen an Monstern

Die Grundformel des Horrorfilms lautet: die Normalität wird von einem Monster bedroht (Wood 1979, S. 14). Dieses bedroht nicht nur die Protagonisten im Film, sondern es verletzt und überschreitet in seinem Aussehen und in seinem Verhalten ästhetische Normen und die Grenzen des „guten Geschmacks".

Mary Douglas (1988) hat gezeigt, daß Objekte und Kreaturen, die kulturelle Ordnungen und Vorstellungen verletzen, weil sie z.B. zwischen Kategorien liegen, widersprüchlich oder formlos sind, deshalb als unrein und eklig erlebt werden. Dies gilt im besonderen für die Monster im Horrorfilm: Zombies („Lebende Tote") entsprechen nicht unserer Vorstellung, daß man entweder lebt oder tot ist, der Held in Cronenbergs Film *Die Fliege* (1985) verwandelt sich allmählich in ein überdimensionales Geschöpf, das seine menschlichen Züge immer mehr verliert, das Auto Christine (1983) in dem gleichnamigen Film lebt und reagiert wie ein Mensch. Durch „special effects" in Szene gesetzt, findet so eine Karnevalisierung der Verhältnisse im Sinne Bachtins (1987) statt. Das Unreine, das Eklige und das Anstößige, Phänomene, die im Alltag ausgegrenzt werden, rücken ins Zentrum des Geschehens. Die exzessive Beschäftigung der Fans mit den grotesken Körpern der Monster verschafft vielleicht gerade deshalb ein Vergnügen, weil sie ein Mittel darstellt, um für kurze Zeit den sozialen Körpernormen einer Disziplinargesellschaft zu entkommen, ihnen zu widerstehen und sie sogar umzukehren. Foucault (1976) und De Certeau (1988) haben gezeigt, wie Regeln in Körper eingeschrieben werden und diese so zu Signifikanten dieser Regeln werden. Es ist so wohl kein Zufall, daß gerade die Fans mit einem geringen kulturellen Kapital, die zudem oft in ihrer Berufsarbeit einen starken und disziplinierten Körper brauchen, diese Vorlieben entwickeln. Die Fans unterlaufen mit ihren karnevalesken Vergnügen semiotische Kontrollen und breiten so ein Netz der Antidisziplin aus.

Dies läßt sich dadurch untermauern, daß die durch „special effects" zum Leben erweckten Monster es den Rezipienten auch ermöglichen, „special affects" zu aktivieren. Allerdings sind die Fans, die durch die Idealtypen des Buffs und des Freaks repräsentiert werden, wegen ihrer großen Erfahrung und ihrer Kenntnisse von Filmabläufen nicht mehr so leicht zu beeindrucken. Einer von ihnen meinte sogar, im Laufe der Jahre hätte sich bei ihm ein „Anti-Blockiersystem herausgebildet". Wenn aber trotzdem Gefühle erlebt werden, dann wird dies zu einer umso besser in Erinnerung bleibenden Erfahrung. Diese Fans betonen bei ihren Schilderungen deren Intensität, die erfahrene Ekstase und die geradezu körperliche Überwältigung. Man wird hier an die Überlegungen von Roland Barthes (1974) zur „Lust am Text" erinnert. Neben der „plaisir" behandelt er auch die „jouissance", die Wollust oder die Sinnenfreude. Die „jouissance" wird in der Interaktion zwischen den Signifikanten, dem Körper des Textes, und dem Körper des Lesers produziert. Die Materialität des Signifikanten dominiert dabei über den Inhalt und die Bedeutung des Textes. Die Lust bzw. die Wollust, das zeigt die Untersuchung, ist aber kein zwangsläufiges und auf Dauer leicht herstellbares Ergebnis der Rezeption, sondern Teil eines Lesens, das den Text und die begleitenden Gefühle erst erschafft. Da der Buff und der Freak über eine große Medienkompetenz verfügen, genügt es eben nicht, daß sie sich „einfach einen Film reinziehen". Sie müssen, wie sie selbst sagen, in der „richtigen Stimmung sein", um überrascht oder sogar überwältigt zu werden.

Die Kunstliebhaber

Auch die Kunstliebhaber unter den Rezipienten verfügen über eine große Medienkompetenz. Die Anschlußfähigkeit der Filme ergibt sich für sie aber nicht durch die „special effects", sondern durch die ästhetische Qualität eines Horrorfilms.

Die Kunstliebhaber lesen nicht regelmäßig Fangoria, noch treten sie gewöhnlich einem Fanclub bei. Die Bildung von Gemeinschaften und das Kontaktbedürfnis sind bei ihnen nur schwach ausgeprägt, während bei den Fans die Entscheidung für die Horrorfilme auch die Gründung oder das Eintreten in einen Club erstrebenswert macht. Die Kunstliebhaber schauen sich allenfalls zusammen mit Freunden Horrorfilme an; die solitäre Rezeption kommt sehr oft vor.

Selten spricht einer von ihnen nach dem Film über die Emotionen, die er während der Rezeption durchlebt hat. Gewaltszenen, „special effects" sind nur dann gerechtfertigt, wenn sie eine ästhetische Funktion haben. Schlecht gemachte Filme und Billigproduktionen lehnen die Kunstliebhaber ab. So ist für sie zum Beispiel DAWN OF THE DEAD (1979) von Romero ein sehr guter Film, die nach seinem Vorbild gedrehten italienischen Exploitationsfilme, bei denen noch mehr Blut fließt, werden aber wegen der Inkonsistenzen der Handlung und der langweiligen Geschichten abgelehnt. Die Kunstliebhaber, von denen die meisten studiert haben, wenden oft Kriterien kanonisierter Literatur- und Filminterpretation an. Ihr besonderes Interesse gilt den neueren, den postmodernistischen Horrorfilmen, wobei ihre Haltung sich als eher distanziert und teilnahmslos beschreiben läßt. Im Sinne von Bourdieu (1982, S. 761 ff.) haben sie einen Reflexionsgeschmack ausgebildet.

Bei der Verfeinerung ihres Geschmacks greifen diese Rezipienten wie die Fans auf sekundäre Texte zurück, aber vor allem auf anspruchsvollere Kulturjournale, auf Bücher etc. Für sie ist charakteristisch, daß sie einerseits die Regisseure als „Auteurs" im Sinne der Filmtheorie wahrnehmen. Sie identifizieren den Film mit seinem Regisseur und versuchen dessen stilistische Signatur zu entziffern. Auf der anderen Seite beziehen sie die gesehenen Filme jedoch nicht nur auf Filme, sondern stellen auch intertextuelle Bezüge zu anderen kulturellen Texten und Praktiken. In den Zombiefilmen von Romero spüren sie die implizite Zivilisationskritik auf, in Carpenters HALLOWEEN (1978) entdecken sie eine subtile, nihilistische Abhandlung über das Böse und in TANZ DER TEUFEL (1983) die Bezüge zum Dekonstruktivismus im Sinne Derridas. Sie nehmen die Regisseure also als Autoren wahr, die auch zu philosophischen und gesellschaftlichen Problemen Stellung nehmen.

Zusammenfassend läßt sich feststellen, daß den Fans elaborierte ästhetische Kriterien zur Bewertung der Horrorfilme fehlen. Ihnen ist wichtig, was sie mit diesen kulturellen Produkten machen können. Ihre soziale Relevanz macht sie zu Elementen der von den Fans geschaffenen Populärkultur. Für die Kunstliebhaber dagegen zählt die ästhetische Qualität. Der postmoderne Horrorfilm trägt für sie zur expressiven Ästhetisierung des Lebens bei.

Schluß

Es ist deutlich geworden, daß der zeitgenössische Horrorfilm durch die Offenheit seiner textuellen Struktur ganz unterschiedliche Gruppen ansprechen kann. Wie die postmoderne Architektur ist auch er polysem strukturiert und so unterschiedlich dekodierbar. Die an diesem Beispiel exemplarisch aufgezeigte Polysemie medialer Texte und die Vielfalt ihrer Wahrnehmungs- und Nutzungsformen sollten in der Filmsoziologie berücksichtigt werden, die sich sinnvoll nur im Rahmen umfassender Kulturanalysen betreiben läßt.

Literaturverzeichnis

Adorno, Th.W. (1977a). Résumé über Kulturindustrie. In: Adorno, Th.W. (1977), Kulturkritik und Gesellschaft I. Frankfurt a.M.: Suhrkamp, S. 337–345.

Adorno, Th.W. (1977b). Filmtransparente. In: Adorno, T.W. (1977), S. 353–361.

Albersmeier, F.-J. (1979). Filmtheorien im historischen Wandel. In: Albersmeier, F.-J. (Hg.) (1979), S. 3–17.

Albersmeier, F.-J. (Hg.) (1979). Texte zur Theorie des Films. Stuttgart: Reclam.

Altenloh, E. (1914). Zur Soziologie des Kino. Die Kino-Unternehmung und die sozialen Schichten ihrer Besucher. Heidelberg (Reprint: Hamburg: Medienladen 1977).

Arnheim, R. (1932). Film als Kunst (Reprint: München: Hanser 1974).

Aumont, J./Marie, M. (1988). L'Analyse des Films. Paris: Nathan.

Bachtin, M. (1987). Rabelais und seine Welt. Volkskultur als Gegenkultur. Frankfurt a.M.: Suhrkamp.

Balázs, B. (1984). Der Geist des Films (1930). In: Balázs, B. (1984), Schriften zum Film. Bd. 2. Berlin: Henschel, S. 49–205.

Barthes, R. (1974). Die Lust am Text. Frankfurt a.M.: Suhrkamp.

Barthes, R. (1979). Elemente der Semiologie. Frankfurt a.M.: Suhrkamp.

Barthes, R. (1980). Beim Verlassen des Kinos. In: Filmkritik 7/1980. S. 290–293.

Barthes, R. (1987). S/Z. Frankfurt a.M.: Suhrkamp.

Baudrillard, J. (1972). Pour une critique de l'économie politique du signe. Paris: Gallimard.

Baudrillard, J. (1987). Das Andere selbst. Wien: Böhlau.

Baudry, J.L. (1975). Le dispositif. In: Communications 23/1975. „Psychoanalyse et cinéma", S. 56–72.

Baudson, M. (1985). Von der kinematischen Darstellung zur vierten Dimension. In: Baudson, M. (Hg.) (1985). Zeit. Die vierte Dimension in der Kunst. Weinheim: Acta humanoira, S. 159–168.

Bazin, A. (1975). Was ist Kino ? Bausteine zur Theorie des Films. Köln. Dumont.

Becker, H. (1982). Art Worlds. Berkeley/Los Angeles: University of California Press.

Benjamin, W. (1980). Das Kunstwerk im Zeitalter seiner technischen Reproduzierbarkeit (1938). In: Benjamin, W. (1980). Gesammelte Schriften. Bd. I–2. Frankfurt a.M.: Suhrkamp, S. 431–469.

Bennett, T./Woollacoat, J. (1987). Bond and Beyond: the Poltical Career of a Political Hero. London: Macmillan.

Bentele, G. (1978). Aufgaben der Filmsemiotik. In: Publizistik 4/1978, S. 369–383.

Bessy, M. (1985). Orson Welles. München: Bahia.

Bitomsky, H. (1975). Die Deutlichkeit der Signifikanten und die Undeutlichkeit der Signifikate. In: Paech, J. (Hg.) (1975), Film- und Fernsehsprache I. Frankfurt a.m./Berlin/München: Diesterweg, S. 37–39.

Bourdieu, P. (1981). Die gesellschaftliche Definition der Photographie. In: Bourdieu, P. (Hg.) (1981), Eine illegitime Kunst. Die sozialen Gebrauchsweisen der Photographie. Frankfurt a.M.: EVA, S. 85–109.

Bourdieu, P. (1982). Die feinen Unterschiede. Kritik der gesellschaftlichen Urteilskraft. Frankfurt a.M.: Suhrkamp.

Carroll, N. (1988). Mystifying Movies. Fads and Fallacies in Contemporary Film Theory. New York: Columbia University Press.

Comolli, J.-L./Narboni, J. (1976). Cinema/Ideology/Criticism. In: Nichols, B. (Hg.) (1976), Movies and Methods. Berkeley/Los Angeles/London: University of California Press, S. 22–30.

Cook, P. (1985). Authorship and Cinema. In: Cook. P. (Hg.) (1985). The Cinema Book. London: BFI, S. 114–206.

Danto, A.C. (1974). Analytische Philosophie der Geschichte. Frankfurt a.M.: Suhrkamp.

De Certeau, M. (1988). Die Kunst des Handelns. Berlin: Merve.

De Lauretis, T. (1984). Alice Doesn't. Feminism, Semiotics, Cinema. Bloomington/Indianapolis: Indiana University Press.

Deleuze, G. (1989). Das Bewegungs-Bild. Kino 1. Frankfurt a.M.: Suhrkamp.

Denzin, N.K. (1988). *Blue Velvet*: Postmodern Contradictions. In: Theory. Culture and Society 5/1988, S. 461–473.

Denzin, N.K. (1991). *Paris. Texas* and Baudrillard on America. In: Theory. Culture and Society 8/1991, S. 121–134.

Derrida, J. (1972). Die Schrift und die Differenz. Frankfurt a.M.: Suhrkamp.

Derrida, J. (1979). Die Stimme und das Phänomen. Ein Essay über das Problem des Zeichens in der Philosophie Husserls. Frankfurt a.M.: Suhrkamp.

Douglas, M. (1988). Reinheit und Gefährdung. Eine Studie zu Vorstellungen von Verunreinigung und Tabu. Frankfurt a.M.: Suhrkamp.

Dyer, R. (1979). Stars. London: BFI.

Eckert,R./Vogelgesang, W./Wetzstein, T.A./Winter, R. (1991). Grauen und Lust. Die Inszenierung der Affekte. Pfaffenweiler: Centaurus.

Eco, U. (1972). Towards a Semiotic Inquiry into the TV Message. In: Working Papers in Cultural Studies 3/1972, S. 103–126.

Eco, U. (1976). Articulations of the Cinematic Code. In: Nichols, B. (Hg.) (1976), S.582–589.

Eco, U. (1984). Apokalyptiker und Integrierte. Zur kritischen Kritik der Massenkultur. Frankfurt a.M.: S. Fischer.

Eco, U. (1985). Für eine semiologische Guerrilla (1967). In: Eco, U. (1985), Über Gott und die Welt. München: Hanser.

Eco, U. (1990). Lector in fabula. Die Mitarbeit der Interpretation in erzählenden Texten. München: dtv.

Eisner, L. (1980). Die dämonische Leinwand. Frankfurt a.M.: Fischer.

Ellis, J. (1982). Visible Fictions. London: Routlegde.

Elsaesser, T. (1975). Two Decades in Another Country. In: Bigsby, B. (Hg.) (1975). Superculture. London: Paul Elek.

Erd, R. (1989). Kulturgesellschaft oder Kulturindustrie? Anmerkungen zu einer falsch formulierten Alternative. In: Erd, R./Hoß, D./Jacobi, O./Noller, P. (Hg.) (1989). Kritische Theorie und Kultur. Frankfurt a.M.: Suhrkamp, S. 216–235.

Faulstich, W. (1985). Der Spielfilm als Traum. George A. Romeros 'Zombie'. In: medien und erziehung 4/1985, S. 195–209.

Faulstich, W. (1988). Die Filminterpretation. Göttingen: Vandenhoeck und Ruprecht.

Featherstone, M. (1990). Auf dem Weg zu einer Soziologie der postmodernen Kultur. In: Haferkamp, H. (Hg.) (1990), Sozialstruktur und Kultur. Frankfurt a.M.: Suhrkamp, S. 209–248.

Featherstone, M. (1991). Consumer Culture and Postmodernism. London/Newbury Park/New Delhi: Sage.

Fiske, J. (1982). Introduction to Communication Studies. London: Routledge.

Fiske, J. (1986). Television: Polysemy and Popularity. In: Critical Studies in Mass Communication 3/1986, S. 391–408.

Fiske, J. (1987a). Television Culture. London/New York: Routledge.

Fiske, J. (1987b). British Cultural Studies. In: Allen, R. (Hg.) (1987), Channels of Discourse: Television and Contemporary Critism. Chapel Hill: University of North Carolina Press, S. 254–289.

Fiske, J. (1989a). Understanding Popular Culture. Boston: Unwin Hyman.

Fiske, J. (1989b). Reading the Popular. Boston: Unwin Hyman.

Foucault,M. (1973). Archäologie des Wissens. Frankfurt a.M.: Suhrkamp.

Foucault, M. (1976). Überwachen und Strafen. Die Geburt des Gefängnisses. Frankfurt a.M.: Suhrkamp.

Foucault, M. (1977). Der Wille zum Wissen. Sexualität und Wahrheit 1. Frankfurt a.M.: Suhrkamp.

Freud, S. (1905). Drei Abhandlungen zur Sexualtheorie. In: Freud, S. (1972), Sexualleben. Studienausgabe Bd. V. Frankfurt a.M.: S.Fischer, S. 37–145.

Frith, S. (1986). Hearing Secret Harmonies. In: MacCabe. C, (Hg.) (1986), Hig Theory/Low Culture: Analysing Popular Television and Film. Manchester: Manchester University Press, S. 53–70.

Geertz. C. (1983). Dichte Beschreibung. Beiträge zum Verstehen kultureller Systeme. Frankfurt a.M.: Suhrkamp.

Gerhardt, U. (1986). Patientenkarrieren. Frankfurt a.M.: Suhrkamp.

Giddens, A. (1988). Die Konstitution der Gesellschaft. Frankfurt a.M./New York. Campus.

Goetz, A./Banz, H.W. (1990), Images – Diven. Stars. Idole. In: Museum Ludwig (Hg.) (1990), Traumfabrik. Die Kunst der Filmphotographie. Köln: Bachem. S. 69–317.

Goffman, E. (1967). Stigma. Über Techniken der Bewältigung beschädigter Identität. Frankfurt a.M.: Suhrkamp.

Goffman, E. (1977). Rahmen-Analyse. Ein Versuch über die Organisation von Alltagserfahrungen. Frankfurt a.M.: Suhrkamp.

Gregor, U./Patalas, E. (1962). Geschichte des Films. Gütersloh: Sigbert Mohn.

Grob, N./Prümm, K. (Hg.) (1990). Die Macht der Filmkritik. Positionen und Kontroversen. München: edition text und kritik.

Habermas, J. (1985). Der philosophische Diskurs der Moderne. Frankfurt a.M.: Suhrkamp.

Hall, S. (1973). Encoding/Decoding. In: Hall, S./Hobson, D./Lowe, A./Willis, P. (Hg.) (1980), Culture, Media, Language. London: Hutchinson, S. 128–139.

Hartley, J. (1983). Television and the Power of Dirt. In: Australian Journal of Cultural Studies 1/1983, S. 62–82.

Heath, S. (1981). Questions of Cinema. London: Routledge.

Hitzler, R./Honer, A. (1991). Qualitative Verfahren zur Lebensweltanalyse. In: Flick, U. et al. (eds) (1991), Handbuch Qualitative Sozialforschung. München: PVU, S. 382–384.

Hoeppel, R. (1985). Psychologie des Filmerlebens. Würzburg: vervielfältigtes Typoskript.

Horkheimer, M. (1972). Gesellschaft im Übergang. Frankfurt a.M.: Athenäum.

Horkheimer, M./Adorno, T.W. (1969). Dialektik der Aufklärung (Erstausgabe 1947). Frankfurt a.M.: S. Fischer.

Huyssen, A. (1981). The Search for Tradition: Avantgarde and Postmodernism in the 1970s. In: New German Critique 22/1981, S. 23–40.

Jameson, F. (1986). Postmoderne – zur Logik der Kultur im Spätkapitalismus. In: Huyssen. A./Scherpe, K.R. (Hgs.) (1986), Postmoderne – Zeichen eines kulturellen Wandels. Reinbek: Rowohlt, S. 45–102.

Jarvie, I.C. (1974). Film und Gesellschaft. Struktur und Funktion der Filmindustrie. München: Hanser.

Jarvie, I.C. (1982). The Social Experience of Movies. In: Thomas, S. (Hg.) (1982). Film/Culture. London/New York: Methuen, S. 247–268.

Kaplan, E.A. (Hg.) (1978). Women and Film Noir. London/New York: Methuen.

Kaplan, E.A. (Hg.) (1988). Postmodernism and Its Discontents. London/New York: Verso.

Kellner, D. (1982). Kulturindustrie und Massenkommunikation. Die Kritische Theorie und ihre Folgen. In: Bonß, W./Honneth, A. (Hg.) (1982), Sozialforschung als Kritik. Frankfurt a.M.: Suhrkamp, S. 482–515.

Kilb, A. (1990). Abschied vom Mythos. Über *Le Mépris* von Jean Luc Godard (1963) und über den Wandel in der Filmkritik. In: Grob, N./Prümm, K. (Hg.) (1990), S. 184–197.

Kluge, A. (Hg.) (1983). Bestandsaufnahme: Utopie Film. Frankfurt a.M.: Verlag 2001.

Kluge, N. (1989). Die Funktion des Zerrwinkels in zertrümmender Absicht. Ein Gespräch mit Gertrud Koch. In: Erd, R. et al. (Hg.) (1989), S. 106–124.

Koch, G. (1990). Kritik und Film: Gemeinsam sind wir unausstehlich. In: Grob, N./Prümm, K. (Hg.) (1990), S. 135–153.

Kracauer, S. (1932). Über die Aufgabe des Filmkritikers. In: Kracauer, S. (1980), Kino. Frankfurt a.M.: Suhrkamp, S. 9–11.

Kracauer, S. (1985). Theorie des Films. Die Errettung der äußeren Wirklichkeit. Frankfurt a.M.: Suhrkamp.

Kristeva, J. (1978). Die Revolution der poetischen Sprache. Frankfurt a.M.: Suhrkamp.

Kuhn, A. (1988). Cinema. Censorship and Sexuality, 1909–1925, London/ New York.: Routledge.

Kurzawa, L. (1981). Bilder der Dritten Art zu *Rette sich wer kann (Das Leben)*. In: Godard, J.-L. (1981), Liebe Arbeit Kino. Berlin: Merve, S. 105–133.

Lacan, J. (1975). Das Spiegelstadium als Bildner der Ichfunktion, wie sie uns in der psychoanalytischen Erfahrung erscheint (1949). In: Lacan, J. (1975), Schriften 1. Frankfurt a.M.: Suhrkamp, S. 61–70.

Lapsley, R./Westlake, M. (1988). Film Theory: An Introduction. Manchester: Manchester University Press.

Lash, S. (1988). Discourse or Figure ? Postmodernism as a 'Regime of Signification'. In: Theory, Culture and Society 5/1988, S. 311–336.

Lash, S. (1990a). Sociology of Postmodernism. London/New York: Routledge.

Lash, S. (1990b). Postmodernism as Humanism ? Urban Space and Social Theory. In: Turner, B.S. (Hg.) (1990). Theories of Modernity and Postmodernity. London/Newbury Park/New Delhi: Sage, S. 62–74.

Lehmann, H.–T. (1983). Die Raumfabrik. Mythos im Kino und Kinomythos. In: Bohrer, K.H. (Hg.) (1983). Mythos und Moderne. Frankfurt a.M.: Suhrkamp, S. 572–609.

Lévi-Strauss, C. (1967). Strukturale Anthropologie I. Frankfurt a.M.: Suhrkamp.

Lévi-Strauss, C. (1971ff.). Mythologica I-IV. Frankfurt a.M.: Suhrkamp.

Lévi-Strauss, C. (1975). Die Struktur und die Form. Reflexionen über ein Werk von Wladimir Propp. In: Lévi-Strauss, C. (1975). Strukturale Anthropologie II. Frankfurt a.M.: Suhrkamp, S. 135–168.

Lindsay, V. (1915). The Art of the Moving Pictures.(Reprint: New York: Liveright 1970).

Lotman, J.M. (1977). Probleme der Kinoästhetik. Eine Einführung in die Semiotik des Films. Frankfurt a.M.: Syndikat.

Luhmann, N. (1984). Soziale Systeme. Frankfurt a.M.: Suhrkamp.

Lukow, G./Ricci, S. (1984). The „Audience" Goes „Public": Inter-Textuality, Genre and the Responsibilities of Film Literacy. In: On Film 12/1984, S. 26–37.

Lyotard, J.-F. (1986). Das postmoderne Wissen. Graz/Wien: Böhlau.

MacCabe, C. (1980). Godard: Images, Sounds, Politics. London: BFI.

Maffesoli, M. (1988). Le Temps des Tribus. Le déclin de l'individualisme dans les sociétés de masse. Paris: Meridiens Klincksieck.

McLuhan, M. (1964). Understanding Media: The Extensions of Man. New York: Mc Graw und Hill (dt. Übersetzung (1968). Die magischen Kanäle. Düsseldorf: Econ).

Metz, C. (1972). Sprache und Film. München: Hanser.

Metz, C. (1974). Semiologie des Films. München: Hanser.

Metz, C. (1977). Le Signifiant Imaginaire - Psychoanalyse et Cinéma, Paris.

Metz, C. (1979). Probleme der Denotation im Spielfilm. In. Albersmeier, F.-J. (Hg.) (1979), S. 324–373.

Michaels, E. (1986). Aboriginal Content. Paper presented at the meeting of the Australian Screen Studies association, Sidney.

Modleski, T. (1986). The Terror of Pleasure: the Contemporary Horror Film and Postmodern Theory. In: Modleski, T. (Hg.) (1986), Studies in Entertainement. Critical Approaches to Mass Culture. Bloomington/Indianapolis: Indiana University Press, S. 155–165.

Monaco, J. (1980). Film Verstehen. Reinbek: Rowohlt.

Morley, D. (1980). The Nationwide Audience: Structure and Decoding. London: BFI.

Müller-Doohm, S. (1990). Medienforschung als Symbolanalyse. In: Charlton, M./Bachmair, B. (Hg.) (1990), Medienkommunikation im Alltag. München/New York/London/Paris: K.G. Saur, S. 76–102.

Müller-Doohm, S./Neumann, K. (Hg.) (1989). Medienforschung und Kulturanalyse. Oldenburg: Bibliothek- und Informationssystem der Universität Oldenburg.

Mulvey, L. (1980). Visuelle Lust und narratives Kino. In: Gorsen, P. u.a. (Hg.) (1980), Frauen in der Kunst, Bd. 1. Frankfurt a.M.: Suhrkamp, S. 30–46.

Neale, S. (1990). Questions of Genre. In: Screen 31/1990, S. 45–66.

Nichols, B. (Hg.) (1976). Movies and Methods: An Anthology. Berkeley/Los Angeles/London: University of California Press.

Plumpe, G. (1990). Der tote Blick. Zum Diskurs der Photographie in der Zeit des Realismus. München: Fink.

Polan, D. (1988). Postmodernism and Cultural Analysis Today. In: Kaplan, E.A. (Hg.) (1988), Postmodernism and Its Discontents. London/New York: Verso, S. 45–58.

Prokop, D. (1982). Soziologie des Films. Frankfurt a.M.: Fischer.

Propp, V. (1972). Morphologie des Märchens. München: Hanser.

Propp, V. (1987). Die historischen Wurzeln des Zaubermärchens. München: Hanser.

Sadoul, G. (1982). Geschichte der Filmkunst: Frankfurt a.M.: Fischer.

Saussure, F. (1967). Grundfragen der allgemeinen Sprachwissenschaft (Erstausgabe: 1916). Berlin: De Gruyter.

Schaaf, M. (1980). Theorie und Praxis der Filmanalyse. In: Silbermann, A./Schaaf, M./Adam, G. (Hg.) (1980), Filmanalyse. München: R. Oldenbourg.

Schatz, T. (1981). Hollywood Genres: Formulas, Filmmaking and the Studio System. New York: Random House.

Seeßlen, G. (1982). Klassiker der Filmkomik. Grundlagen des populären Films Bd. 10. Reinbek: Rowohlt.

Seeßlen, G. (1987). Genre – mehr als ein Begriff. Die Übermittlung von Botschaften in ästhetischen Strukturen. In: medien und erziehung, 4/1987, S. 209–218.

Seeßlen, G./Weil, C. (1979). Western-Kino. Grundlagen des populären Films Bd. 1. Reinbek: Rowohlt.

Seidl, C. (1990). Müssen Kritiker kritisch sein ?. In: Grob, N./Prümm, K. (Hg.) (1990), S. 169–183.

Sobchack, V. (1988). The Scene of the Screen. In: Gumbrecht, H.U./Pfeiffer, K.L. (Hg.) (1988), Materialität der Kommunikation, Frankfurt a.M.: Suhrkamp, S. 416–428.

Stam, R. (1988). Mikhail Bakhtin and Left Cultural Critique. In: Kaplan, E.A. (Hg.) (1988), S. 116–145.

Truffaut, F. (1972). A Kind Word for Critics. In: Harpers 10/1972, S. 100.

Tudor, A. (1974). Image and Influence. London: Allen und Unwin.

Tudor, A. (1977). Film-Theorien. Frankfurt: Kommunales Kino.

Tudor, A. (1989). Monsters and Mad Scientists. A Cultural History of the Horror Movie. Oxford. Basil Blackwell.

Turner, G. (1988). Film as Social Practice. London/New York: Routledge.

Vogelgesang, W./Winter, R. (1990). Die neue Lust am Grauen. Zur Sozialwelt von erwachsenen und jugendlichen Horrorfans. In: psychosozial 13/1990, S. 42–49.

Voller, D. (1988). Madonna. Rastatt: E. Pabel.

Welsch, W. (1987). Unsere postmoderne Moderne. Weinheim: Acta humanoira.

Winter, F./Winter, R. (1991). Karnevalisierung der Pornographie. Parodistische Aspekte des pornographischen Zeichentrickfilms. In: Kagelmann, K. Jürgen (Hg.) (1991). Comics Anno. Jahrbuch der Forschung zu populärvisuellen Medien Vol.1/1991. München: Profil, S. 159–168.

Winter, R. (1990). Das Spannungsfeld zwischen Individuum und Familie: Selbst-thematisierung in der Familie und familiale Selbstthematisierung. In: System Familie 3/1990, S. 251–263.

Winter, R./Eckert, R. (1990). Mediengeschichte und kulturelle Differenzierung. Zur Entstehung und Funktion von Wahlnachbarschaften. Opladen: Leske und Budrich.

Witte, K. (Hg.) (1972). Theorie des Kinos. Frankfurt a.M.: Suhrkamp.

Witte, K. (1991). Neo-Realismus: Ein Angriff der Chronik auf die Story. In: epd Film 8/1991, Heft 3 S. 16–23.

Wollen, P. (1974). Signs and Meaning in the Cinema. London: Secker und Warburg.

Wollen, P. (1981). Readings and Writings. London: Verso.

Wood, R. (1979). Introduction. In: Britton, J. et al. (Hg.) (1979). American Nightmare. Essays on the Horror Film, Toronto, S. 7–27.

Wright, W. (1975). Six Guns and Society: a Structural Study of the Western, Berkeley/Los Angeles: University of California Press.

Wuss, P. (1990). Kunstwert des Films und Massencharakter des Mediums. Berlin: Henschel.